JN186261

サラリーマンが
経済的自由を得る
「お金の方程式」

ビジネスマン育成コンサルタント
澤井 豊

かつてダイナマイトを発明し巨万の富を得たノーベルは、自分の財産についてこう言い残したそうです。

「私の遺言執行者は、①私の財で基金を設立し、②それをもとに投資を行い、③そこから得られる毎年の運用益のみを使って、④そのときの人類の最大貢献者たちに富を分配することを実行しなければいけない……」と。

その遺言どおりに、①ノーベル財団が設立され、②以来ノーベルの残した遺産をもとに資産運用がなされ、③その年の運用益だけを使って、④毎年ノーベル賞を受賞した人たちに副賞として賞金が支払われてきました。

その結果、ノーベル賞は毎年継続して安定的に授賞式がとり行われ、賞金も支払われてきているのは周知のとおりです。

ここで、お金に関して大事なポイントが2つあります。

一つは、投資を行って賞金の原資をつくり出していること。

一つは、賞金の原資は元金からの運用益のみを使っていること。

毎年多額の賞金を支払いながらも、ノーベル賞が１００年以上にわたって継続してきた秘訣はここにあります。

資金が枯渇することなく現在でも健在なのは、支出する賞金を必ず運用益の中から捻出して、決して投資元金には手を付けないで賄っているからなのです。

こうした仕組みでノーベル賞の賞金が構築されていることを知っていても、これと同じ仕組み（＝お金の方程式）を自分の家計に応用している人はほとんどいません。

意図的に**「お金の方程式」**をつくり、自分自身の生活基盤を経済的に安定させるチャンスは、実は誰にでもあります。

「お金の方程式」を自分の生活設計に組み込めば、導かれる解はいつも一つです。

それは「経済的自由」という名の解です。

サラリーマンがこの「お金の方程式」の仕組みを身につけ、解を導くことができれば、将来のお金の不安を解消することが十分可能となります。

なぜなら、ノーベル賞がこの仕組みで１００年以上も継続・存続してきているという歴史で証明してくれているのですから……。

本書では、その「お金の方程式」の仕組みを解説し、一介のサラリーマンだった私がなぜ定年を待たずして50歳でリタイアすることができたのか、その秘訣を紹介しています。

アメリカの元大統領リンカーンは**「誰かが何かを成し遂げたということは、他の人でも同じことができるという証明である」**と言いました。

私にできたことは、読者であるあなたにもできる、ということです。

しかも、私が20年以上もかけてサラリーマン人生で学んだこと、試行錯誤を繰り返して得たスキルやノウハウをわずか200ページ強の本書を読むことで習得することができるのです。

その後はあなたご自身が実践し、見事「お金の方程式」を解くことに成功してほしいと願っています。

サラリーマンが「お金の方程式」を解くためには、タダのサラリーマンではなく、ビジネスマンとして活躍することが近道です。

ビジネスマンとは何か。

なぜ、ビジネスマンになることが近道なのか。

どうすればビジネスマンとして活躍できるのか。

むずかしいことはありません。

ほんのちょっと、今までとは違う言葉と意識を持てばいいだけです。

最初の一歩は小さな一歩でも、踏み出すのと踏み出さないのとでは、時間の経過とともに大きな開きが生じてきます。

ぜひ、将来のお金の不安を取り除き、経済的自由を得るチャンスをつかみ取るためにも、ご自身の成長と変化にトライしてみてください。

本書が、あなたの人生をよりハッピーなものにすることにお役にたてれば幸いです。

澤井　豊

もくじ

第1章 サラリーマンにつきまとうお金の不安の正体とその解決方法

第4章 増やす（育む）――お金が新たにお金を生む

第5章 使う（支出）――使っていいのは「増やした分」だけ

第6章 借りる(集める)――低金利で長期間借りるのがベスト

第7章 返す(戻す)――返さなくてもいいなら返さない

サラリーマンにつきまとうお金の不安の正体とその解決方法

給料を失う不安、給料が増えない不安

サラリーマン人生は、よくマラソンに例えられます。

マラソン距離が42・195キロメートルであるのに対して、サラリーマンの会社人生は大卒22歳から定年65歳まで約43年間ですから、確かに長さの感覚が似ています。

マラソンでは、その全距離を同じスピードで走ることはできないし、その道程も上り坂、下り坂があったり、直線もあればカーブもあり、コース環境もさまざまです。

サラリーマン人生においても、調子のよいときもあれば悪いときもあり、何よりも「まさか！」という坂道に遭遇することがあります。

サラリーマンである以上は、「給料を失う不安」を常に身にまとっており、その不安といつも背中合わせに暮らしているようなものです。

給料を失うきっかけはクビ（解雇）、会社の倒産、転職の失敗などいくつもあります。

企業30年説と言われて久しいですが、今では企業存続は20年説、10年説という声も上がっているくらいに経営環境は厳しくなってきています。

サラリーマンの平均年収の推移

サラリーマンの平均年収を年度別に、その推移をグラフにまとめてみました。過去の推移をみることで賃金動向を大まかに把握することができます。

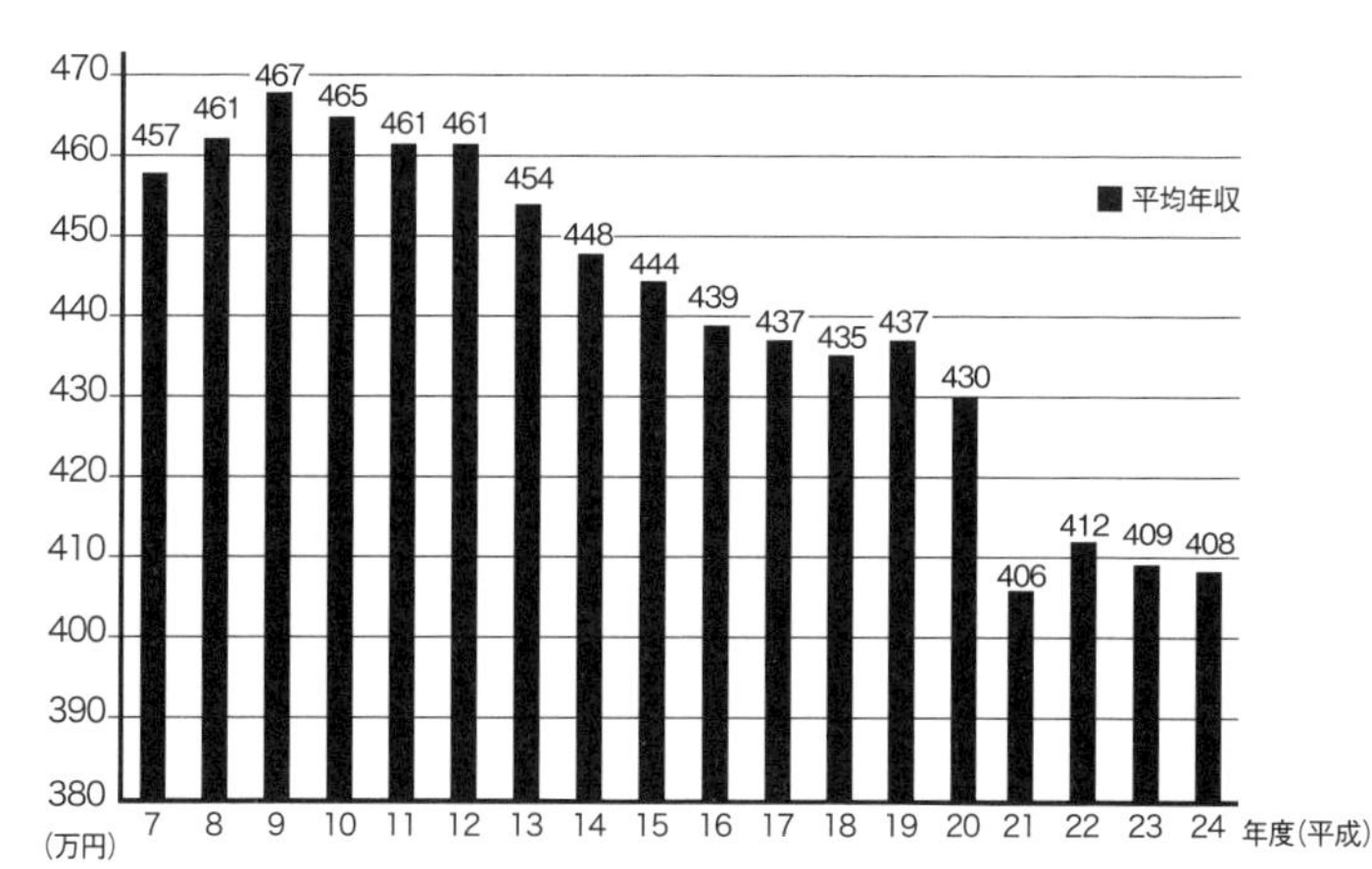

統計元：国税庁　平成 24 年　民間給与実態統計調査結果

上場企業といえども、不祥事を起こして世の中から消えていった会社はいくつもありますし、かつての花形産業が今や斜陽産業であることも決して珍しいことではなく、終身雇用、年功序列どころか、会社自身が生き残りをかけて戦っているのが現状です。

つまり、場合によっては自分のサラリーマン人生よりも会社の寿命のほうが短いわけで、定年まで一社で勤めることのほうがむしろ難しい時代です。

また、失うとまではいかなくても、今以上給料が増えない不安というのもあります。

出世（昇進）ができない、景気に左右さ

れて給料が減額されるかもしれない、不祥事から懲戒処分を受けるかもしれない……など、その要因はいくつもあります。

サラリーマンは雇用者であり、自分の給料を自分で決めることはできません。決めるのは、上司であり、会社です。他人が決めるわけですから、給料を失う不安や給料が増えない不安は会社組織に所属している限り、必ずついてまわる宿命です。

国税庁の調査によると、サラリーマンの平均賃金は平成９年度の４６７万円をピークにほぼ毎年下がり続け、平成24年度は４０８万円となっています。15年間で約13パーセントにあたる59万円もの年収ダウンとなっているわけです。

給料が増えない不安はまさに現実のものとして15年も続いており、昨今の景気回復の遅れをみれば今後ますます続くことも予測されます。

このように先行きが不透明なとき、人は目に見えないことに恐怖し、行動を鈍らせますが、見えないことを見えるようにできれば、不安を安心に変えることができるのです。

今後の自分の人生の中で「お金の流れを見える化」していけば、将来的なお金の不安は「将来的なお金の安心」に変えることが十分可能となります。

家族を含めた健康・病気・介護の不安

人生、お金がすべてではありませんが、お金を失うとすべてを失いかねません。
さらに、健康を害すると本当にすべてを失ってしまいます。

世界保健機関（WHO）は、健康を次の四つに定義しています。

身体的健康……フィジカルヘルス
精神的健康……メンタルヘルス
社会的健康……ソーシャルヘルス
霊魂的健康……スピリチュアルヘルス

会社員が身体的健康を損なったり（ケガ・病気など）、精神的健康を害したりすると（うつなど）、企業としては「休職」という処遇でようすを見ることになります。

社会的健康を犯したり（犯罪）、霊魂的健康を失すると（死亡）、「退職」というかたちで会社と縁が切れます。

サラリーマンは「健康でなくなると本当にすべてを失いかねない」のです。

自分がいくら健康であっても、家族が病気にならない保証はないし、いつケガをしたり、不測の事故に巻き込まれるとも限りません。老親がいれば介護の問題も生じてきます。

そのいずれの場合であっても、付随してくるのは経済的負担、金銭的不安です。


今から10年ほど前、私が40歳のときに妻にガンが見つかりました。

私たちにしてみれば、「まさか!」の出来事でした。

当時、私は会社員、妻は専業主婦、長男は小学5年生、長女は小学1年生でした。

会社を退職して妻と残された時間を共に過ごし、家族と一緒にいる時間をたくさん持ちたい……仕事よりも家族を優先したい……と何度も考えました。

でも、それはできませんでした。

なぜなら、治療費、生活費を考えると、仕事を続けなければ収入が途絶えることが明らかだったからです。ガン保険の一時的な給付金だけでは、仕事を辞めたあとの生活を賄うことなど到底できません。

仕事をとるか家族をとるかの選択の前に、「お金の不安」という重圧を先に取り除かなければなりませんでした。そのため、仕事を辞めることができず、妻の闘病生活を陰で支えることしかできなかったのです。

残念ながら、妻の命はそこから5年後に潰えました。

亡くなることは運命だったとしても、お金の不安がなければもっと一緒にいられたはずで、時間と思い出をもっとたくさん共有できたはずだったと今でも思っています。

サラリーマンは、やみくもに自分の体を酷使して稼いでも、その結果4つの健康を害してしまっては、元も子もありません。

自分の体・心を傷つけることでお金を稼ぎ、その傷ついた体と心を癒すためにお金を使うの繰り返しでは、悪循環です。人生もったいない話ですし、もしもどこかでお金の入り口がふさがったときは、悲惨なことになります。

自分でなくても、家族の誰かが健康を失っても同様です。

そうなる可能性は、すべてのサラリーマン家庭が潜在的に有するものですから、サラリーマンはお金の不安を解消する手立てを早い段階から準備しておくことがとても重要です。

03 年金がもらえない不安、自分の老後生活の不安

公的年金には国民年金と厚生年金がありますが、ほとんどのサラリーマンは65歳以上にならないと受け取ることができません。

ただし、それはあくまでも今の制度であって、将来的には68歳支給とも70歳支給ともいわれていますし、果たして本当に年金がもらえるのかどうかも怪しくなっています。

①年金がもらえない
②もらえる年齢の時期が遅くなる
③もらえる金額が減らされる

という年金に対する不安は誰にでもあります。

年金がもらえない不安は、同時に自分の老後生活の不安に直結します。

老後生活の不安は、身体的にも精神的にも社会的にも「やり直しがきかない恐怖」にあります。社会復帰して働こうと思っても体がきつかったり、人間関係をつくるのが煩わしかったり、社会から働く機会そのものを得られなかったりするわけです。

老後の生活資金額は「年間生活費×残命年数」の計算で導けますが、その金額はちょっとした天文学的数字になります。それにもかかわらず、資金の源泉はもう労働市場にはないので、頼りになるのはそれまでに自分が蓄えたお金と公的年金です。

仮に老後資金用として5000万円を貯めたとしても、リタイア後に銀行通帳の残高が毎月減っていくことはけっこう気が重いことです。

仮に年間300万円ずつ減っていけば、17年で底をつきます。65歳でリタイアしたとしても、82歳まで貯金がなくなる恐怖を毎日感じ続けるのは辛いことです。長生きすることがリスクとなれば、老後の人生は苦痛でしかありません。

そもそも65歳までに5000万円を貯めることが至難の業ですし、もし年金支給が70歳からになれば、定年退職から年金支給まで5~10年くらいの空白期間が生じます。

つまり、空白期間は安定した収入が途絶えてしまうということです。

また公的年金というと、自分の年金分を自分で積み立てていると錯覚しがちですが、実際は今働いている若年層から集めた年金を、いま働いていない老年層に分配するという仕組みです。ですから、自分が年金をもらうときは、そのときに若年層が納めたお金を充ててもらうことになります。

年金保険料とは一種の税金のようなものでもあり、それを他人から他人へまるで自転車操業のように振替をしているお金が、公的年金の正体と言えます。

サラリーマンが定年等で会社を退職して働かなくなる、働けなくなるということは、生活のための資金源を「労働市場に求めない」ことであり、その手立ては資金源を投資などの「資本市場に求める」か、公的年金や生活保護などの「国に依存する」しかありません。

国に依存するとはすなわち「他者に依存する」ことですから、自分ではコントロールがきかず、自分の人生のオール（舵）を他人に漕がせるようなものです。それはたいへん危険な賭けであることを知っておかなければいけません。

自分の人生は、自分でコントロールすることが大原則です。

60歳までにやっておけばよかったこと

日本経済新聞が、60歳以上を対象に行ったお金に関するアンケート調査（平成24年）でこんな結果があります。

テーマ：お金
60歳までにやっておけばよかったこと
1位……貯金
2位……年金で暮らせるように生活費の見直し
3位……退職後の働き方を考え、スキルアップ

4位……掛け金を払い、一定年齢で受け取れる個人年金に加入
5位……老後のレジャー資金を積み立てておく

60歳までにやっておいてよかったこと
1位……持ち家を確保／退職までに住宅ローンを完済した
2位……貯金
3位……病気・ケガに備えて保険に入る
4位……年金で暮らせるように生活資金を見直した
5位……個人年金に加入

他人や先人の意見を参考にすることは大切です。
「転ばぬ先の杖」ですね。

経済的自由を得よう！

「本当に大切な自由はただ一つ、それは『経済的自由』だ――」と、イギリスの小説家サマセット・モームが喝破しました。

お金のことでの苦労や悩みがない、いわゆる経済的自由を得ると、サラリーマンが抱える多くの問題は解決します。

多くの人は「経済的自由」という発想すら持っていないか、持っていたとしても、それを「手に入れる方法・やり方」を知らないものです。

その方法・やり方は、実は一つだけではありません。

いくつかの方法の中から、サラリーマンが自分で実践しやすい方法を学び、それを実践すればいずれ経済的自由を手にすることができます。

大切なことは経済的自由を得ると「まず思い」、そして「その方法を学び」「その方法を実践する」ことです。

自由とは、「自分に由来する」ということで、つまり「何ものにも束縛されない」ということです。

たとえば、仕事をリタイアするとある意味では自由が手に入ります。

ただし、「自由を手にすること」と「自由に生きること」には大きな違いがあります。

一瞬だけ自由を手にするのは簡単ですが、継続して自由に生きるためには、経済的・行動的・精神的に自由を得ていることが必要です。

つまり、**「経済的・行動的・精神的自由を得る」**ということは、**「お金や活動や考え方に関して、何かに束縛されることなく自分で決められる状態にある」**ことを意味します。

お金のために働いたり誰かに頼ったりする必要もなく、また誰かの言うことに従わなければいけないということもなく、自分の好きなライフスタイルで自分の人生を生きられるということです。

と言っても、人間は他人との関わりの中で生きていますから、もちろんそこにはある程度の制約はあります。社会の秩序を保ち、ルールを守り、公序良俗や法律に反しないで生きることが大切です。

経済的自由を得るということは、「収入がなくてもすべての支出を貯金で賄うことができる状態」か「得られる収入が支出を上回っている」という状態です。

「自分が働きたいと思うとき以外は、もう二度と働かなくて済むようになること」

「働くのは必要に迫られてではなく、自分で働きたいと思うときだけにすること」

この二つの条件をクリアできてはじめて、経済的・行動的・精神的自由を手に入れることができるのです。


そう考えれば、老後においてもお金に不安のない生活を送るためには、何歳になってもお金が入ってくる仕組みを作っておくことが必要といえます。

貯金があっても、それを取り崩す生活ではやはり不安が残りますし、貨幣価値と物価の変動が解離しすぎると、貯金があっという間に目減りしてしまいます。結局のところ、
①年齢がいくつになっても収入がある。
②蓄えもある程度キープできている。
というのが、「将来的なお金の不安を解消する」ための条件です。

この両者は相関関係にあり、収入が増えれば蓄えも増やせ、蓄えがあれば収入も増やせます。蓄えを資産に換えればその資産が収入を作ってくれるからです。

あとは、この「仕組みを作る」ことと、「いつまで就労するか」の二つを自分で決めるだけになります。

その仕組みについて、次に説明してみましょう。

「稼ぐ→貯める→増やす→使う」＋「借りる→返す」の仕組みを作ろう！

ネクタイを締めてからワイシャツを着る人はいません。

カップ焼きソバでソースを入れてからお湯を注ぐと、お湯を捨てるときにソースも流れてしまうのでカップ焼きソバになりません。

一つひとつの行動は合っていても、その手順を間違えると目的は達せられないように、物事には順序があり、それをひっくり返して行うとナンセンスな結果になります。

お金の流れにも守るべき順序があります。

多くの人は、お金を「稼いで使う（稼ぐ→使う）」という流れが当然だと思っています。「使う→稼ぐ」にする人もいますが、それだと借金まみれとなり破綻への道です。

一歩進んで「お金を貯めて使う（稼ぐ→貯める→使う）」という発想ができる人もいますが、貯めたお金がなくなってしまうことにどうしても不安が残ります。

一番よいのは「稼いだお金を貯めて増やし」「増えた分のお金を使う」という流れです。

「稼ぐ→貯める→増やす→使う」＋「借りる＋返す」

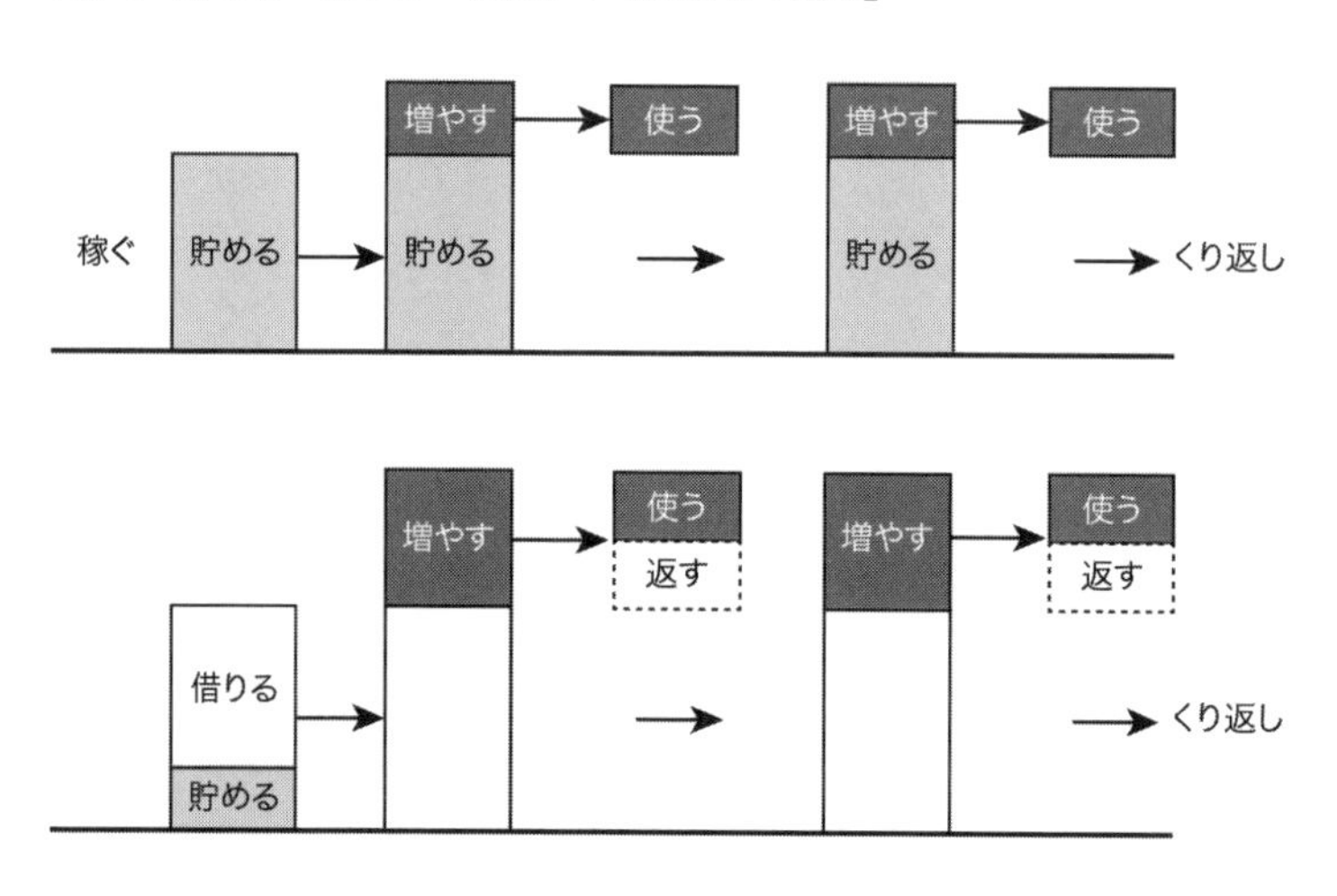

先月増やした分のお金を今月使いつつ、また今月もお金を増やしてそれは来月使うことに振り向ける……を繰り返していく方法です。

さらに、これには秘訣があって、この流れを一気に加速させる方法があります。

それは、貯めることに加えてお金を「借りる」ことです。その借りたお金を「増やす」に回すことで、非常に早く、しかも大きな金額になっていきます。

当然、借りた分については「返す」ことが必要ですが、それを差し引いても余りある金額を残すことができたとき、経済的自由を手にした状態となります。

合わせると「稼ぐ→貯める→増やす→使う」＋「借りる→返す」の仕組みです。

お金を「貯める」から「増やす」に回す手法は、

「投資」です（投資については、第4章で詳しく説明します）。

投資した元本には多少の変動があったにせよ、それとは無関係に毎月（あるいは毎年）そこから新たなお金が派生して生まれてくれればそれでいいのです。

新たに生みだされたお金＝インカムゲインで生活ができれば、経済的自由を得ることにつながります。

「稼ぐ」から「使う」に直行させないで、「貯める」と「増やす」へ迂回させることで稼いだお金をより効果的に扱うわけです。そうすることで、早く経済的自由が得られ、それだけ早く行動的自由や精神的自由も得られることになるのです。

たとえば、ジャガイモが1個あるとします。

ここで、そのジャガイモを食べてしまえばそれで終わりですが、土の中に埋めておくと、やがてジャガイモの芽が出てきます。そして、いつしか1個だったジャガイモは、その養分をすべて吸われて原型をとどめない姿になりますが、そのかわりに多数のジャガイモ（分身）を実らせます。

播（ま）いた種からは、播いた内容に見合うものが派生してきます。

お金持ちになれる人は、手元にある1万円を「種（たね）」のようにとらえて、それを元にして新たなお金を増やしていけると考えます。

1万円から得られる分身は数百円～千円くらいかもしれませんが、元の資金を1万円ではなくて千万円単位、億円単位とすれば、そこから派生して生まれてくる金額も多くなります。

手元にある1万円を今日使ってしまうと、それは今日現在1万円の価値しかありませんが、使わないで貯めておき、他のお金と合算してその貯めたお金を「増やす」に回せば、そのときは何十万円、何百万円にもなって返ってきます。

お金に縁のない人は、せっかく懸命に働いてもそのお金をすぐさま使い切ってしまって、その結果また働くことになる（稼ぐ→使う→稼ぐ……）ということを一生繰り返します。

お金に縁のある人は、そのお金の一部を使わずに投資に回すことで（稼ぐ→貯める→増やす）、徐々に自分が働かなくてもすむようにしていきます。

1個のジャガイモから多数のジャガイモができるように、一つのお金の元手から生活に不自由のないお金を生みだしていくことができます。それを実践することで、将来的なお金の不安を解消することができるのです。

人生を変化させるための12のステップとは？

一度限りの大切な人生を幸せに生きるためには、時代の変化などに合わせて自分も変化していくことが必要です。

その変化プロセスには「人生変化プロセス論」と呼ばれる一定のパターンがあり、体系化すると、主に12項目で構成され、各項目には相関関係があります。

①環境が変われば言葉が変わる（言葉が変われば環境が変わる）
②言葉が変われば想像が変わる（想像が変われば言葉が変わる）
③想像が変われば意識が変わる（意識が変われば想像が変わる）
④意識が変われば感情が変わる（感情が変われば意識が変わる）
⑤感情が変われば態度が変わる（態度が変われば感情が変わる）
⑥態度が変われば行動が変わる（行動が変われば態度が変わる）
⑦行動が変われば無意識が変わる（無意識が変われば行動が変わる）
⑧無意識が変われば習慣が変わる（習慣が変われば無意識が変わる）

⑨習慣が変われば人格が変わる　（人格が変われば習慣が変わる）
⑩人格が変われば運命が変わる　（運命が変われば人格が変わる）
⑪運命が変われば人生が変わる　（人生が変われば運命が変わる）
⑫人生が変われば環境が変わる　（環境が変われば人生が変わる）

中国の有名な話に「孟母三遷（もうぼさんせん）」という話があります。

孟子（もうし）が子どもだった頃、家は墓地の近くで、孟子はいつも葬式ごっこをして遊んでいました。

孟子の母は、あるとき気付きます。「ここはあの子が住むにはふさわしくないわ」と。

孟子の母がすごかったのは、そう思い立つと、即座に引っ越しをしたことです。

「思い立ったが吉日」と言わんばかりです。

さて、移り住んだのは市場の近くでした。すると孟子は、今度は商人のマネをして、商売ごっこをして遊ぶようになります。

やがて、孟子の母は気付きました。「ここもあの子が住むにはよくないわ」と。

再び引っ越して、今度は学校の近くに住みました。すると、孟子は生徒がやっている祭礼の儀式や、礼儀作法のマネをして遊ぶようになりました。

「ここならあの子が住むのにふさわしいわ」

孟子の母はついに、ここに腰を落ち着けたのでした。

やがて孟子は成長するにつれ、儒教の基本的な経典である六経を学び、後に儒家を代表する人物となりました。

環境が変われば、めぐり巡って習慣が変わり、習慣が変わればめぐり巡って人生が変わります。サラリーマンも、自ら意図的に環境や言葉、行動を変えていけば、やがて自分の運命や人生も変えることができます。

過去は変えられませんが、未来は変えられます。

他人は変えられませんが、自分は変えられます。

変えられないことに執着することはナンセンスですが、変えられることに意識を向けることはとても有意義なことです。

夢の3段階とは?

「夢」には3段階あって、「願望」→「夢」→「目標」というステップを踏みます。

①願望……「～になれたらいいな／～をやれたらいいのにな」(弱い望みの状態)

②夢　……「〜になる／〜をする」（強い言い切りをしている状態）
③目標……「○○日までに〜になる／○○歳までに〜をする」（夢＋期日の状態）
という段階（ステップ）を踏んで、最初は願望レベルでしかなかった夢が最終的には目標に変わっていくものです。


夢はいくつ持ってもよいものですが、ただ願うだけでは決して叶うことはありません。

「将来的なお金の不安がない生活をしたいなあ」と「願望」を持っているだけでは、決してその状態は実現しないのです。

まずは「将来的なお金の不安をなくすぞ」「経済的自由を得るぞ」と決意することが必要で、それが「夢」となります。

ところが、ここで止まると、人の夢は儚（はかな）いままで終わります。

そこで大切なのは、いつまでにその夢を実現するのか自分で「決断する」ことです。

「期日を設けてそのときまでに必ず実現する！」と決断することで、夢が「目標」に変わります。決断とは他の可能性を排除することです。

「○○歳までに経済的自由を得る！」と目標設定することが重要です。

車に例えるなら、願っているだけではエンジンがかかっているだけの状態です。

ギアを入れてアクセルを踏まなければ車は動きません。

アクセルを踏み始めたときが、願望が夢に変わったときです。

ところが、いつまでに目標地点へ行くのか決めておかないと、車のスピードが出せません。

いつまでに行くのか決めることで夢が目標となり、スピード調節ができるようになります。

会社の仕事でも、目標には必ず期限があります。

月の目標なら月末が期限ですし、年度の目標なら年度末が期限です。

期限がなければ、目標とは言えません。期限を設けることによって、人は本気になって行動できるわけです。

また、目標を持つことは何も自分の未来を変えるためではありません。

未来を変えるのではなく、目標を持つことで現在の自分を変えるのです。

願望や夢の段階では、人はまだ本気で行動を起こしません。人が本気になるのは、夢から目標に移行するときです。


夢や目標をなかなか実現できない大きな原因は、二つあります。

第一の原因は、「夢・目標を忘れてしまうから」です。

新年に立てた目標を覚えている人が、どれくらいいるでしょうか？　多くの人はすでに忘れているものです。

第二の原因は、「結果だけを目標にしているから」です。

結果を100パーセント自分でコントロールすることはむずかしいです。だから、目標の達成もコントロールできなくなります。

たとえば、年収1000万円という目標を立てても、それを達成するためには上司に評価してもらって、出世して給料やボーナスを上げてもらわなければいけません。ところが、この「上司に評価してもらって給料やボーナスを上げてもらう」ことは自分でコントロールすることができないのです。

ではどうすればいいのか?

欲しい結果を生み出すための「原因」をつくればいいのです。そして、その原因をつくるために行動をコントロールすればいいのです。

自分の行動であれば、100パーセントコントロールができます。

結果目標だけではなく「行動目標」を明確にして、それを実践するということです。

つまり、「行動についても期限を設け、その納期を自分に課して途切れることなく実行に移す」ということです。

「この行動をすれば目標達成しないほうがおかしい」というくらいの行動を実践すれば、

それが自分の人生そのものにもなっていきます。

人生に夢があるとも言えますが、逆に夢が人生をつくってくれることもあるのです。

サラリーマンからビジネスマンへ変化しよう!

会社で雇われるということは、ある意味ではその会社や経営者の理念に賛同し、その理念(夢)の実現に向けて手を貸しているとも言えます。

「自分の時間をつぶしているので時間の対価をください」というのがサラリーマンです。

もっと言うと、「給料をください、そうしたらそれに見合う自分の時間を提供します」というのがサラリーマンです。

一方、「自分が生みだした成果物に対する報酬をください」というのがビジネスマンです。

もっと言うと、「報酬はなくても別にかまいません、私の力が役立てばそれでいいのです」というのがビジネスマンです。

給料をもらって働くのがサラリーマンで、働いて給料をもらうのがビジネスマンだということです。

最初はサラリーマンの道を無意識のうちに選択したとしても、途中でいつでもビジネスマンの道に選択し直せます。

必要なのは、決断だけです。

そして、将来的にお金の不安を解消して経済的自由を得るためには断然ビジネスマンで生きていくべきであり、そうしなければゴールは遠いままです。

サラリーマンは理由で動き、ビジネスマンは目的で動きます。

サラリーマンは他者に依存して自分が責任をとることがないように消極的に行動します。

ビジネスマンは自立して自己責任の原則を貫き、積極的に行動します。

サラリーマンとビジネスマンは同じ出来事に対しても、そのとらえ方、意識の持ち方がまるで違います。

たとえば、カゼをひいて会社を休もうとしたとき、サラリーマンは上司に電話をしてこう言います。「カゼをひいたようなので休ませてください」と。

ビジネスマンはこう言います。「カゼを明日までに治したいので休ませてください」と。

サラリーマンは「カゼをひいた」という理由で動こうとします。

ビジネスマンは「カゼを治す」という目的で動こうとします。

理由は、過去と結びついています。

サラリーマンは過去に引きずられて過去の延長線上で生きようとします。

目的は、未来に結び付いています。

ビジネスマンは常に未来志向で未来の理想像を描きながら生きています。

目的意識を持って行動することはプロとしても大切なことであり、何かを実現したいとき、すなわち夢・目標の実現には目的意識は切っても切れない必要なものです。

「将来的なお金の不安を解消するために経済的自由を○○歳までに得る」と目的意識を持った行動をとることが大事です。

何かうまくないことが仕事で発生したとき、惰性に流されて仕事をしているサラリーマンのほとんどの言い訳は「今までそうしてきたから」という「理由」です。

言い訳がいいわけありませんし、こうした理由しか答えられないのは、すでに仕事の本質を忘れ目的を見失っている証拠です。

ビジネスマンは目的を告げ、言い訳をすることなく非があれば認め謝ります。

これまでの人生がもしもサラリーマン人生であったなら、今がその意識を変えるチャンスです。

過去の理由よりも未来の目的に焦点を当てることが大切であるように、これまでの過去はどうであれ、未来に目を向けて成長することが経済的自由を得るために必要な一歩です。

コラム2

なぜマフラーをするの？

冬場になるとマフラーをする人が増えます。

もし、あなたが「なぜマフラーをしているのですか」と聞かれたら何と答えますか？

「寒いからです」と答えたあなたは、マフラーをする「理由」を過去から引っ張ってきています。「マフラーをしないと（寒いから）」という発想があり、これはマフラーをする「理由」に焦点が当たっているわけです。

いわゆるサラリーマン型の人です。

「暖かいからです」と答えたあなたは、マフラーをする「目的」を未来から引っ張ってきています。「マフラーをすると（暖かいから）」という発想があり、これはマフラーをする「目的」に焦点が当たっています。

いわゆるビジネスマン型の人です。

まったく同じ質問なのに、答えだけ聞くと「寒いから」と「暖かいから」という真逆の答えをするなんて、人って面白いですね。

稼ぐ（収入）

——パルテノン神殿のように支柱が多いと倒れない

複数の収入源を持つ

戦国武将、毛利元就（もうりもとなり）の「三矢（さんし）の教訓」は有名です。

元就は3人の子を呼び、それぞれ矢を1本ずつ渡してこう言った。

「その矢を折ってみなさい」

3人の子はわずかな力でいとも簡単にその矢を折りました。

今度は、一人ひとりに3本の矢を渡してこう言った。

「では、この3本を束にして折ってみなさい」と。

すると、どんなに力を込めて折ろうとしても誰も折ることはできなかった。

元就は静かに言った。

「矢が一本ずつなら簡単に折れる弱い矢であっても、3本になると途端に強くなる。お前たち兄弟もこの矢と同じだと思いなさい。3人がバラバラで単独行動をするなら簡単に敗れ去るであろう、ところが力を合わせて協力しあえば何倍もの力を発揮して決して負けることはないだろう。和する心を大切にしなさい」

イスも足が1本、2本だと不安定ですぐに倒れますが、3本足のイスは安定します。

何かを支えるときには支柱が一本では心もとなく、複数の柱が必要です。

たとえば、有名なギリシアのパルテノン神殿が2000年以上経ってなお頑強に建ち残っているのは、合計46個もの柱で支えているからだといわれています。

企業も、収益を生む事業が一つしかないと経営は安定しません。

別の観点では、顧客が一人しかないような事業運営は大変危険です。大口顧客が一人だけの事業よりも小口でも多数の顧客がいる事業のほうが経営は安定します。

家計も同じことがいえます。サラリーマン家庭の収入源が給料だけしかないとすれば家計は危険です。三矢の教訓のように複数の収入源を持ち、パルテノン神殿の柱のように複数の柱でしっかりと家計を支えていくことが大切です。


一般的に、サラリーマンは会社の就業規則で「副業禁止」とされています。

その会社の組織人として所属する以上、サラリーマンはルールを守ることが大切です。

ルールを守れなければ、会社を辞めるしかありません。

ただし、副業は禁止されていても副収入を得ることまでは禁止されていません。

なぜなら、人はいつどこで副収入が発生するとも限らないからです。

それを禁止することは、基本的人権を侵害することにつながり、禁止しようがないのです。たとえば、「宝くじが当たった！」とか、「懸賞で当選した！」とか、持っている株式の配当金が入った、さらに言えば預金の利息収入を得た……という副収入を、会社規則で禁止することはできません。

つまり、副業の制限はありますが、「業」としてではなく、別の方法で収入を得るのなら問題ないのです。

さらに言えば、「副収入」という言い方が余計な誤解を生じさせるわけで、副収入ではなく「複数の収入源を持つ」という意味で「複収入」と考えるほうがベターです。

つまり、家計における収入源は一つである必然性はなく複数の収入源があってもおかしくないのですから、複収入の柱を立てると考えればよいのです。

企業も事業収入だけでなく、事業によらない収入（利息・配当など）を得ています。

サラリーマンは会社の給料しかお金の源泉を持ちません。だから経済的に会社に依存するしか手立てがなく、リストラの恐怖に絶えず慄(おのの)いていなければならなくなります。

ビジネスマンはそうした原則を理解したうえで、自分の収入源を会社の給料だけに固定化するのではなく、別のお金の源泉を設けることを発想します。

つまり、複収入にはどんなものがあるだろうか？　と考えるわけです。

「就労収入」と「権利収入」を知ろう

サラリーマンは使用人ですから「自らの手でお金を稼いでいる」というよりも、経営者（会社）から「給料をもらっている」と言えます。

別名**「就労収入」**です。

この状態のままでは「決して経営者以上にお金持ちにはなれない」し、懸命に働いたところで、どこまでいっても「働かせてもらっている状態」から抜け切れません。

「経営者以上にお金持ちにはなれない」ということは、もしも経営者ですら経済的自由を得ていないとしたら、その下で働く就労収入だけのサラリーマンでは永遠に経済的自由を得られるハズがない、ということを意味しています。

「働かせてもらっている状態」ということは、依存していないと生きていけない、ということを意味しています。

副業はダメでも副収入（複収入）は可能なのですから、「就労しないで収入を得る方法」を手にすることが、サラリーマンが将来的なお金の不安を解消して経済的自由を得るためには必要となります。

では、就労しないで収入を得るとはどういうことでしょうか?

それは、**何らかの権利を有することで自分が働かなくても必然的にお金が入ってくる仕組みを持つこと、別名「権利収入」を得ることです。**

「不労所得」という表現もありますが、収入と所得は概念が違うので私は「就労収入」に対する言葉として「権利収入」と呼んでいます。

就労収入しか持っていないと自分の身体だけが資本となり、半永久的に就労し続けないとお金を得られませんが、権利収入を持っていれば就労しなくてもお金が入ってきます。

サラリーマンにとって、権利収入は実質的に就労収入の何倍もの価値があります。

仮に月に5万円の権利収入があるとしたとき、就労収入で5万円アップさせることは大変です。2階級出世するとか大きな昇進がないと月に5万円も就労収入(給料)は増えません。何よりもそれ(給料アップ)を自分ではコントロールできないところに大きな壁があります。

それに対して権利収入は、仕組みをつくるところまでは自分でコントロールできることが多く、しかも仕組みさえできてしまえば後は何もしなくても毎月ほぼ自動的にお金が入ってきます。さらに仕組みの数を増やしていけば、たとえば5万円だったものを10万円……20万円……30万円……にすることも十分可能です。

サラリーマンの給料と同額、あるいはそれ以上の権利収入を得ることもできるわけです。

こんな例え話があります。

井戸のない村で水を供給するにはどうするか？

ある人は、川からバケツリレーで水を運ぶと言います。

それも正解です。

ある人は、リヤカーでバケツの水を運ぶと言います。

それも正解です。

これらに共通しているのは、どれも自分が働くことです。

いわば就労収入です。自分が働かないと水は運べません。

一方で、時間はかかりますが、こんな方法があります。

ダムをつくって水路をつくるか、あるいは川から直接水路をひくのです。

水路をつくるまで水は得られませんが、一度水路ができあがってしまえば、あとは自分が何もしなくてもほぼ永久的に水が得られます。水路を一つだけつくるよりも、場所を変えて複数の水路をひくことができれば、自分で運んでいた時とは比較にならないほど大量にかつ何時間でも水を得ることができます。

この水路という仕組みに働いてもらって水を得ることが、権利収入です。

自分は水路のオーナーとなって権利収入を得ることができるようになると、もう就労収入に頼る必要はなくなります。

自分の身体を使って就労収入を得ることも大切ですが、それ以外に収入の源泉を複数持つことは、家計破綻から身を守り将来的なお金の不安を解消するためには重要なことです。

パルテノン神殿が46本の柱で支えられていることになぞらえて言うならこうです。

月収46万円を稼ぐ一つ限りの収入源は持っていなくても、月収1万円を稼ぐ46通りの複数の収入源を持っていればいいのです。

それが権利収入です。

権利収入の種類

「権利」があれば、当然「義務」が生じます。

権利収入の反対側には義務支出があります。

たとえば、私たちが毎月何気なく支払っている電気代や水道代やガス代や電話代などは、使用してもしなくても1カ月の基本料金は必ず支払う義務があります。

電力会社、水道会社、ガス会社、電話会社からすれば、家を建てたときや引っ越しをしたときに一度だけ栓を開くなどの手続きをするだけで、後は半永久的に収入（少なくとも基本料金分）を得られるわけです。

私たちから見れば義務支出となり、それらの会社から見れば権利収入と言えます。

ゴルフ場やＤＶＤレンタル店、スポーツクラブや有料駐輪場などの会員になっていれば、施設の利用の有無にかかわらず年会費や月会費などがかかります。

これらのお店側は、すべて権利収入を得ていると言えます。

フランチャイズの本部になれば、ロイヤリティを毎月得られるのも権利収入です。

アパート・マンション・戸建て・駐車場・倉庫などを貸し出していれば、毎月家賃が入ってきますが、これも権利収入の一つです。

株式を持っていれば、配当金や株主優待という名の権利収入が入ってきます。

また、ほとんどの人は気づいていないのですが、年金も一種の権利収入です。

ある一定の条件（65歳など）を満たしたときに、最初の手続きさえ済ませばその後ずっと年金という名の権利収入を得ることができるわけです。

権利収入はその権利を有している限り安定的にお金が入ってきますが、その権利の有効期間が切れたときには、もう入ってこなくなるのが原則です。

たとえば、出産時期にキチンと申請をすれば出産育児一時金という権利収入がもらえます。

ただしそのとき限りです。

何らかの病気・ケガで就労できないときは、最長1年6カ月の期間において傷病手当金という権利収入があります。

会社を退職した人には最長360日間の失業給付金という権利収入があります。

その他にも、ある一定の条件を満たしていれば公的機関に申請することで得られる権利収入は多数あります。

また、発明や開発などで特許や実用新案などの産業財産権を取得できれば、それによる権利収入が期待できますし、知的財産権と呼ばれる権利はいくつもあります。

ノーベルがダイナマイトで巨万の富を築けたのも、それを特許という権利収入に変えたからです。

本を出版することで著作権が発生し、印税と呼ばれる権利収入が見込まれます。

音楽関係でも、作詞・作曲・歌唱・演奏などではレコード・CD・DVDが発売された後でも著作権印税・アーティスト印税・カラオケ印税・プロデュース印税などという権利収入があります。

最近では、携帯アプリやゲームを開発してそれを販売したり、ユーザーの利用に応じて料金が支払われるという一種の印税とも言える権利収入が生まれてきています。

ＬＩＮＥのオリジナルスタンプなどもその類です。

自動販売機やコインロッカーやコインランドリーといった機材を置くことで、そこから生み出される売上の一部を還元するというマージン（手数料）も権利収入です。

インターネット上で、アフィリエイトという営業代行的な販売手法がありますが、あれも最初の手間はかかるかもしれませんが、その後はほったらかしにしていても紹介した商品が売れればお金が入ってくるという権利収入の一種です。

ドロップシッピングとか、太陽光発電とか、ストックフォト（写真）とか、情報を整理して掲げておく「まとめサイト」など、最初のひと手間・苦労をいとわなければ権利収入はいくつも存在していますので、その中から自分に合ったものを見つけて意識的に構築していくことが大切です。

そうした中であえて言えば、サラリーマンが将来的なお金の不安を解消するために持つべき権利収入は「不動産の家賃収入」です。

これについては第４章で詳しく説明します。

何のために働くのか？　何のために稼ぐのか？

「稼ぐ」とは、外部から自分の手元にお金を引き寄せてくることで、無から有を生みます。別名、収入とか売上と呼ばれる概念です。

「儲ける」とは、何かを使ってお金を増やすことで、有から有を生みます。別名、利益と呼ばれる概念で、稼ぎから経費を引いた残りが儲けです。

サラリーマンは会社から給料を得ていますが、これは稼いでいるのであって儲けているわけでありません。働くことは稼ぐことです。

では、人はなぜ働くのか？

企業の目的が、①利潤の追求、②理念の実現、であるように、個人が働く目的も同様に、①報酬の追求、②自己実現、だとされています。

簡単に言うと、お金を稼ぐために働くのが第一で、第二には働くことで自己実現ができるからということになります。

では、何のために稼ぐのか？

それは、生活のため、生きていくためにお金が必要だから、というのが一般的です。

ところが、将来のお金の不安を解消して経済的自由を得ることが目的のビジネスマンの場合、答えはこうなります。

稼ぐのは「お金を貯めるため」。

なぜなら、重要なお金の流れは「稼ぐ→貯める→増やす→使う」だからです。

生活のために稼ぐのではなく、「貯めるために稼ぐのだ」と発想を変えることが大切です。

お金を貯めるためにがんばって働くことは大事ですが、「がんばる」とは何も長時間就労することではありません。**がんばらなければできないことを、次回はがんばらなくてもできるようになるために**、今がんばることが大切です。

お金をたくさん稼ぐためには「半永久的に自分が働くしかない」と考えているサラリーマンは多くいます。

その一方で、自分ではなくて「別の何かを半永久的に働かせることができないか？」と発想する人もいます。それがビジネスマンです。

自分で一生懸命に働くことももちろん大事ですが、お金は最終的には使うためにあるのであって、稼ぐためにあるわけではありません。

経済的自由を得る人は、朝から晩まであくせく働かなくても、むしろ長い休暇をとり、一日中遊んでいられる生活をしているのに経済的に自由でいられます。

それは、自分の代わりに働いてくれる「権利」を保有して、権利に働いてもらっているからです。

お金を稼ぐために自分の身体で懸命に働くことを、お金に縁の薄い人は「一生のこと」ととらえがちですが、経済的自由を得られる人は「一時的なこと」ととらえて、自分の保有する権利が自分の代わりに働いてくれるようになるまでの間だけ自分が賢明に働けばいい……と理解しています。

自分の身体を働かせ続けるにも肉体的限界というのがいずれ訪れます。

お金のために自分がフルに働くのではなく、自分のために持っている権利の仕組みがフルに働く、と発想を変えることが、将来のお金の不安を解消するためには大切です。

「継続は力なり」とは？

「石の上にも三年」と言われるように、サラリーマンは何かをはじめたらそれを継続して行うことが大切だとされます。

何かを続けたときと続けなかったときとでは、後に得られる経験値も、能力も、知識も、技もレベルが数段違ってくることを多くの人は知っています。

それにもかかわらず、物事を継続して行うことはなかなかむずかしいものです。

なぜなら、人は飽きっぽい動物だからです。

飽きっぽいということは、同じ感情が続かないということです。

感情が変われば態度が変わり、態度が変われば行動が変わるので、感情を変えずに維持できればいいのですが、人間というのは自分の感情をコントロールすることがむずかしい生き物なのです。

ことわざに**「継続は力なり」**という言葉があります。

「継続するとやがて大きな力となって成果に結びつく」というもので、この場合の「力」というのは「効力」とか「影響力」という意味です。

行動がある一定量継続・蓄積されていくと、やがて飽和量に達して熟練度合いが増し、大きな成果や結果につながるというものです。

ところが、この言葉には別の解釈があります。

それは、「継続すること自体が一つの能力である」という意味です。

この場合の「力」というのは「能力」という意味です。

すなわち**「継続は（能）力なり」**ということです。

「三日坊主」と言われるように、人は飽きてしまって続けることが苦手ですから、続けられること自体がすでに突出した重要な能力だといえます。

サラリーマンからビジネスマンに変化して、目的意識を持って行動をするように心がけ、お金を貯めるために稼ぐ努力をする……ということを継続して行うことが大切です。継続して行動することは、継続した時間を重ねているともいえ、それは「時間を味方にしている」ともいえます。

逆に「時間を敵にする」というのは、継続した行動を積み重ねていない状態のことです。時間を味方にしている人は時間が経てば経つほど幸福になり、時間を敵にしている人は時間が経つほど不幸になります。

人生で自分が積み重ねてきた時間は自分の味方になり、積み重ねをしない時間は自分にとって敵になっていきます。

多くの人は時間が無限にあるかのように錯覚していますが、時間こそ限りある資源です。決して時間を無駄にしてはいけないのです。

「チャンスの女神は前髪しかない」とよく言われます。

意味は、「チャンスというのはすぐに過ぎ去ってしまうものなので、あとで気が付いて追いかけようとしてもそのチャンスの女神には後ろ髪はないのでつかまえることはできない」という意味です。

前髪をつかんでチャンスをモノにするためには、絶えず継続して行動していないとつかめません。

継続力を身につけると、会社内でも徐々に仕事がうまくいき始め成果につながるようになるはずです。なぜなら、チャンスを適切につかみ取るようになれるからです。

時間の大切さを知るには……

時間はたいへん貴重です。

かつてガンジーはこう言いました。

「時間を大切にする方法は簡単です。

明日死ぬと思っていきなさい。

永遠に生きるんだと思って学びなさい」と。

こんな言葉もあります。

1年の価値を理解したければ、入試に失敗した学生に聞いてみるとよいでしょう。

1カ月の価値を理解したければ、妊婦さんに聞いてみるとよいでしょう。

1週間の価値を理解したければ、週刊誌の編集長に聞いてみるとよいでしょう。

1時間の価値を理解したければ、待ち合わせ中の恋人に聞いてみるとよいでしょう。

1分間の価値を理解したければ、電車を乗り過ごした人に聞いてみるとよいでしょう。

1秒の価値を理解したければ、たった今事故を免れた人に聞いてみるとよいでしょう。

0・1秒の価値を理解したければ、銀メダルに終わった人に聞いてみるとよいでしょう。

Time is money.（時は金なり）と言われますが、最近ではTime is life.（時間は人生なり）と言われるようになってきました。

時間は本当に貴重ですね。

06 99℃のお湯と100℃のお湯の違いとは

「水」に熱エネルギーを加えていくと、水自身が熱を帯びてきて「湯」に変わりますが、人が勝手に「水」とか「湯」と使い分けているだけで、液体であることに変わりはなく、違うのは帯びている温度（熱）の差だけです。

その「湯」も、熱エネルギーを加え続けていくとある段階でついに蒸発します。

つまり、１００度で液体から気体に変化します。

今までは目に見えていた液体（湯）だったのに、急に気体（蒸気）となって目の前から消えていってしまうわけです。

私たちは学校の理科でそうしたことをすでに学習しているので、常識として知っていますが、知識がなければかなり不思議な現象のはずです。何も知らない人にこの現象の説明を求めても説明できません。

世の中は、このようにある時点で急激な変化・変異が発生し、それまでの次元とは一線を画する現象が起きることが実はよくあることかもしれません。

水の変化を逆に考えると、目に見えない空気・気体に、ある程度の冷エネルギーを加えると、突然目の前に「湯水」という液体が現われ、もっと冷やしていくと、液体が固体に変化して冷たい「氷」ができあがります。

どちらのケースにも言えることは、ある程度のエネルギーを与え続けているとある段階を越えたところで急に変異するということです。

とくに液体と気体のところでは、「人間の肉眼に見える・見えないという次元の変化」が

成長曲線の図

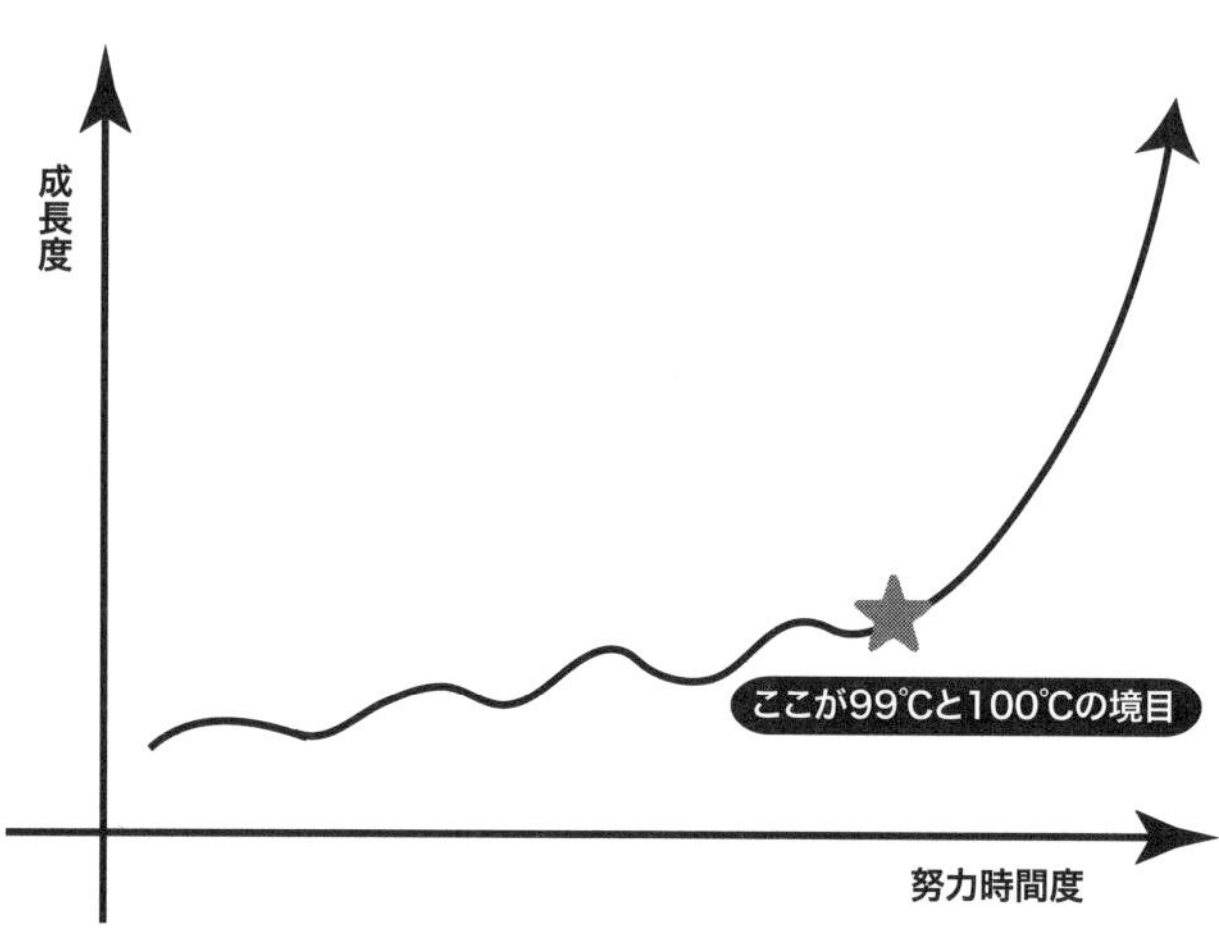

あります。
つまり、「世の中、自分の目に見えるモノしか信じない」という生き方はナンセンスで、「自分の目に見えないモノ・世界が存在している」と信じるほうが当たりです。
実際に、電気や電波や音などは私たちの目には見えませんが、確実に存在しています。

何かを達成・実現するためにはそれにふさわしい方法を継続することが大事です。

「やり続けているけどもいまだその状態にない」ということは、今はまだ途中過程であり、100℃に至らない70℃かもしれないし、90℃かもしれないのです。

もしも、今99℃まできているとしたら、あと1℃上がるだけで変化できるところにいるわけで、ここであきらめたとしたら非常にもったいないことです。

むずかしいのは、自分が今何℃の位置にいるのかがわからないことですが、だからこそ自分の可能性と成功を信じて、継続して行動することが大事なのです。

何かをやり続けることは、目に見えない次元の変化を呼び寄せようと自らの手で構築している途中段階だということです。

桜の花をイメージしてみてください。

桜の花は一年に一度、4月の上旬になると、ある日突然花が咲きます。

前日まで桜の花が咲いていなかったからといって、桜の木の中で花が咲くために何もしていなかったわけではないのです。桜の木は、1年という時間をかけて着々と準備を整え続けてきたわけです。

さらに言うと、桜の木自身も、いつの日が開花日なのかおそらく知りません。

人の成長も同じで、成果が目に見えて現れるのは自分でもわからないものです。

今の仕事で成果を上げる努力をし続けていれば、目に見えないところで確実に稼げる状況に近づいているはずです。

成果が出ないからといって途中で投げ出してしまうと、「うまくいく」という成功の木は枯れてしまい、花を咲かせることはできなくなります。

うまくいく人というのは、能力の高い人というよりも、花が咲くまで根気よく自分の能力に努力という水をやり続けることができる人で、それがビジネスマンです。

「成功」の反対は「失敗」ではなく……

アメリカの有名な自己啓発家ジグ・ジグラーはかつてこう言いました。

「失敗は一つの出来事にすぎず、失敗者という人間はいない」と。

また、日本の偉大な実業家渋沢栄一はこう言いました。

「成功の種は苦難のときに播かれ、失敗の種は得意のときに播かれる」と。

おごり高ぶっていると足元をすくわれ、うまくないことに遭遇するかもしれませんが、その失敗は単なる一つの出来事であって、その人自身がダメな人だというわけでもなく、またその人がもう陽の目を見ないわけでもないということです。

チャンスはあきらめない限りいくらでもあるわけです。

発明王エジソンは、フィラメントの素材を見つけて電球を完成するまでに1万回も実験を繰り返したと言われています。

成功という文字をよく見てみると

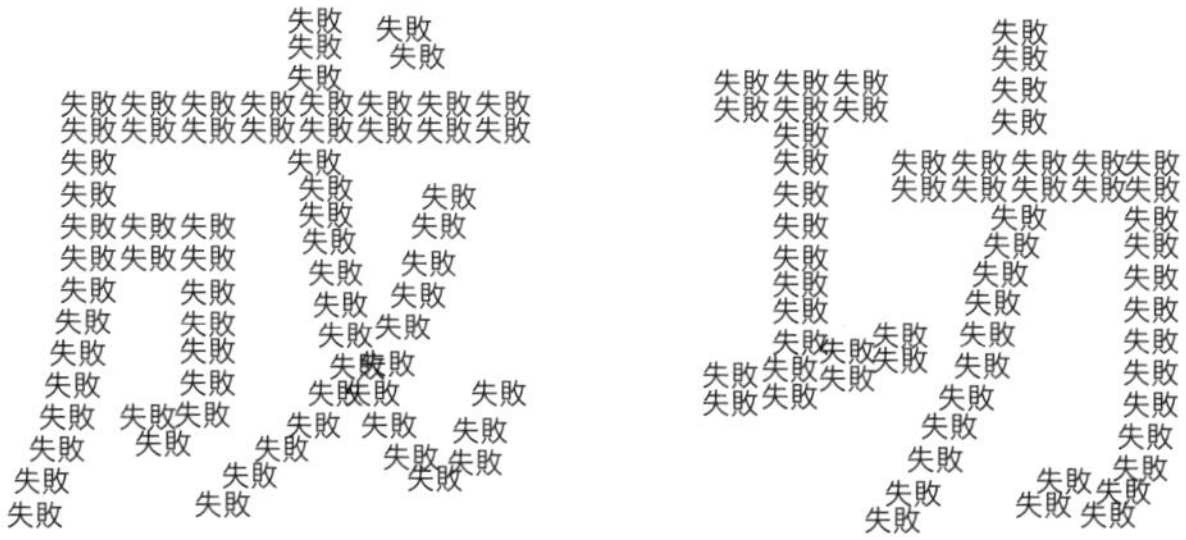

成功は数多くの失敗をもとに成し得るものですね！
遠くから見ると成功に見えますが、近くで見ると多くの失敗をしていることがわかるものです。

エジソンは、記者から「そこまで何回も失敗したのにあきらめなかった秘訣は？」と質問されてこう答えました。

「私は1回も失敗したことはない。ただ999通りのうまくいかない方法を見つけただけだ」と。

うまくいかない事象を「だからここで終わり」ととらえたら、本当に終わりで失敗です。同じ事象を「だから次へ活かそう」ととらえたら、まだ終わりではなくそこから新たなスタートが始まります。

7回失敗すれば8回目に挑戦し、8回目も失敗したら9回目に挑戦すればいいだけです。その連続した行動を継続できることが大切で、それが一つの能力でもあるわけですが、継続しないであきらめてしまったらすべてが終了してしまいます。

「成功」と「あきらめ」は、まさに相反する位置にある言葉です。

「失敗」は、求めていた結果が達成されなかった一つの時間の刻み点です。成功する人は、その点から原因を学び、将来的に同じことを繰り返さないように心がけ、実際に繰り返さないからこそ成功者になれるわけです。自ら失敗者のレッテルを貼りにいく必要はありません。失敗点を通過して先へ進めばいいのです。

学校で教わる「成功」の反対の言葉は「失敗」ですが、社会に出てからの実学では「失敗」ではなくて「何もしない・行動をやめる・あきらめる」です。行動をやめずに、むしろそれまでの行動から何かを学んで進むことが成功への近道となります。適切な学びを多く吸収することが大切です。

成功は、適切な判断の賜物(たまもの)です。

そのためには、**適切な経験**を数多く積むことが必要です。

さらに言えば、適切な経験を数多く積むということは、不適切な経験＝失敗も多く味わってきたからそう言えるわけです。

極論すると「成功のためには失敗も必要」だということです。

失敗したときには「失敗が自分の人生を決めるわけではない」ことを思い出し、「失敗といかに向き合ったかという姿勢」がこれからの人生を変えていくと理解することが重要です。

2×2（ツーバイツー）で見た自分図
（2つの要素と2つの要素で4つの分類にした図）

	他人が知っている自分	他人が知らない自分
自分が知っている自分	タテマエ	ホンネ
自分が知らない自分	クセ	**無限の可能性**

08 「無限の可能性」の扉を開けよう

自分が知っている自分／他人が知っている自分＝タテマエ
自分が知っている自分／他人が知らない自分＝ホンネ
自分が知らない自分／他人が知っている自分＝クセ
自分が知らない自分／他人が知らない自分＝**無限の可能性**

人間が持っている資質とは面白いもので、誰でも対外的にはタテマエとホンネを使い分けて行動しています。

「タテマエ」は相手からもそう見えるし、自分もあえてそう見せている状態です。

「ホンネ」は自分だけが知っていて相手は知りません。

また、相手からは見えているけれども、自分では気づいていない自分特有の状態が「クセ」といわれます。

そして、これが一番重要なことなのですが、自分では気づいていないし、他人も気づいていないという誰もまだ知りえない未知の種、それが**「無限の可能性」**です。

自分が今、どんな職業についてどんな仕事をしているか。それは小学生の頃、中学生の頃、高校生の頃、大学生の頃のどの時期でも、自分も友人も親も気付いていなかったはずです。

もしかすると誰もがスポーツの道に進むと信じていたのに、今は文芸の道に進んでその道の第一人者として活躍しているかもしれません。

てっきり公務員になると思われていたのに、独立起業して年商数百億円の社長になっているかもしれません。

社会人になって数年してから同窓会などに行くと、「えっ！　あの人がこんなにすごい人になっているの……」という驚きを感じる人は多いものです。今の姿・状況を見て、昔からこうなると予想した人なんて、誰もいなかったことに気づくはずです。

人は誰でも「無限の可能性」があり、その種を自分の中に秘めています。

「今」がどうであれ、未来には必ず可能性があります。未来の自分がどういう存在・どういう生き方をしているかは、今の自分にはわからないし、今の他人にもわかりません。

わからないからこそ可能性があり、わからないからこそ無限なわけです。

今はたまたま不可能なことでも、未来には可能に変換できているかもしれません。

そして、その「無限の可能性」の扉を開けるにはカギが必要です。

そのカギこそが「夢」です。

「無限の可能性」は別名「夢現（むげん）の可能性」です。

夢を現実の世界に引き連れてくるためには、自分自身で夢を持ち、その夢を忘れずに実現へ向けて行動する姿勢が大切です。

夢は逃げません、いつだって逃げるのは自分のほうです。

夢は裏切りません、いつしか自分が夢を裏切ってしまうのです。

焦点を当てていなければいけないのは「夢の実現結果」に当たるものであって、その実現を邪魔する周囲の雑音などはまったく気にする必要はありません。

「将来的なお金の不安を解消して経済的自由を得る」と強く想い、その想いで自分の中に秘めている可能性の種を発芽させることが大事です。

加齢とともに人がやれること・できることは確かに減っていくかもしれませんが、減ったとしてもゼロにはならないし、無限の可能性のうち「無限大∞の選択肢」が「兆」とか「億」とか「万」の単位に減少するだけのことで、それでもかなりの数の選択肢・可能性が残っています。

そうしたときに大切なのは、減ってしまったことに焦点を当てることではなくて、残っている可能性に焦点を当てることです。

そして自分の無限（夢現）の可能性を誰よりも自分が信じていることが重要です。

一番若いのは今！

ケンタッキー・フライドチキンのカーネル・サンダースは、60歳を過ぎてKFCを創業しました。

『もし高校野球の女子マネージャーがドラッカーの『マネジメント』を読んだら』（ダイヤモンド社）で有名になったピーター・F・ドラッカーも、60歳以降になって30冊以上の著作を世に送り出し、90歳を超えても大学の教壇に立っていました。

貝原益軒は「60歳過ぎが人生の収穫期」と言って、その代表的な著書52作を、すべて60歳を超えてから書き上げました。

伊能忠敬は、55歳から71歳までの間に全国各地を徒歩で測量して、日本地図を作成したと言われています。

年齢は関係ないですね。

いつのときも「これからの人生でいちばん若いのは今!」です。
また「思い立ったが吉日」です。
今日から、今ここから行動を起こすことが大切です。
思い立った今日が吉日だとすれば、それ以外の日はすべて凶日なのです。
「明日やろう」は「バカ野郎」とも言われます。
夢を持って無限の可能性の扉を開けて進みましょう!

第3章

貯める（蓄える）
——お金を貯めるのはお金を増やすため

お金を貯めるコツとは？

こんな言葉があります。

「毎年少しずつお金を貯めていきなさい。そうすれば年末にはビックリするでしょう……あまりの少なさに！」 アーネスト・ハスキンズ

サラリーマンが、給料からコツコツ貯金をしてその結果お金持ちになったとか将来的なお金の不安を解消できた、ということを聞いたことがありません。

しかしながら、ステップとして「お金を貯める」ことはとても重要です。

将来的なお金の不安を解消するためには、お金を貯めるだけではムリです。

お金を貯めることは、最終ゴールに到達するために通らなければいけない一つの小目標ではありますが、決して立ち止まるべき位置ではありません。

ゴールは、あくまでも「将来的なお金の不安を解消する」ことにあることを忘れてはいけません。

お金を貯めるには、お金を稼いだ直後に「すぐ」貯めることが大切です。生活費で使った

後に残った分を貯めようとするのではなく、稼いだ直後に「貯める」、その残りを「生活費として使う」という順番です。

したがって、知っておかなければいけない公式は次のとおりです。

手取り給料－貯金額＝生活費（収入－貯金＝支出可能額）

「手取り給料－生活費＝貯金額」ではない、というところが大事なポイントです。

毎月の給料からあらかじめ貯金する金額を差し引き、残った分で生活をするということが大原則であって、給料から生活費を引いて月末に残った金額を貯金額としてはいけないということです。

使った後に残った分を貯めようとすると、お金は貯まりません。

なぜなら残らないからです。

貯める分を差し引いた残りで生活することを心がけなければいけません。

稼いだ給料から、強制的に貯金に回すことを一般的には「天引き貯金・積立貯蓄」などと言ったりします。

やり方は大きく二通りあります。

①毎月稼いだ金額（手取り給料）の○パーセントを貯める

②毎月一定の〇〇円を貯める

①だと、人によって年間の累計金額は差がつきますが、②だと誰がやっても年間累計金額は同じになります。違いは「〇〇」に入る数字だけです。

どちらでもいいのですが、目安としては手取り給料の5パーセント〜10パーセントくらいを貯金するところからスタートされることをおススメします。

スタートしたら続けることが大切です。月によって貯金をしたりしなかったりという中途半端はうまくありませんし、お金が貯まるようになったら貯金を始めようという考えもよくありません。

たとえば、ダイエットを考えたとき、あと3キロ痩せたらダイエットしよう……とは誰も思いません。日頃から痩せることを努力していたから、まずは3キロ痩せることにつながるのであり、ダイエットはもうすでにはじまっているわけです。

体重のことを考えなければ、自分の体重を維持・コントロールすることはできません。

お金も同様で、いくら貯まったらそのときから貯金しよう……とか、給料がいくらいくらになったら貯金しよう……では、いつまで経ってもスタートできません。

お金を貯めることを考えていなければ、お金の管理には意識が届きません。

お金に縁のない人は、お金の管理が苦手であることが多く、なぜなら「管理するほどお金を持っていないから」と言います。

しかし、その「管理するほどお金がない」という発想をやめて、「いくらであろうと自分のお金を管理する」と発想するほうが、お金が自分の元に集まりやすくなります。

つまり、「十分なお金が手に入ったら管理する」のではなくて、「日ごろからお金の管理をしているからいずれ十分なお金が入ってくるようになる」ということです。

「条件がそろったらスタートではなく、スタートして条件をそろえる」という発想です。

「思えば成る」ではなく「想えば成る」

世の中には、後生大事にお金を貯めている人がいますが、そんな人に「何のためにお金を貯めているのか?」と聞くと、あまり明確な返答はなく、「なんとなく」「将来のため、老後のために」「いつか病気になったときの治療費のため」という答えが返ってきます。

でも「病気のためにお金を貯めていると、本当に病気のために使うことになる」という不思議な特性がお金にはありますから要注意です。

つまり、○○のためにお金を貯めている……という想念だと、意外とその○○が現実になってしまうものです。

お金を貯めるのはあくまでも次のステップの「増やす」ためです。

「増やすためにお金を貯めるんだ！」と強く想うことが大切です。


ところで、「想う」と「思う」は違います。

たとえば、「おもえば成る」という言葉があります。

漢字で書くと「思えば成る」と「**想えば成る**」ですが、それぞれの意味はこうです。

「思う」は単に頭で意識することでいわば「意思」です。

「想う」はそれがあたかも実現しているかのように「想像（イメージ）」することです。

「成る」という実現可能性が高いのはどちらのほうなのか。

それは「想う」ほうです。

「想う」ほうが「思う」ほうよりも実現可能性は高いといわれています。

「想像力は意思力に勝る」からです。


たとえば、地上わずか10センチの高さにある幅10センチ長さ10メートルの板を思い浮かべてください。ほとんどの人は、この板の上を難なく歩けます。

では、もしもこの板が地上100メートルにあったらどうでしょうか?

ほとんどの人は「落ちたらどうしよう!」と板を踏み外して落下することを**想像**して、足がすくんだり体のバランスを崩して歩けなくなるでしょう。

地上10センチの高さでは何とも感じなかったのに、高さ100メートルになると急に想像力が強くなって、それが「落下↓死」と意識づけさせ、恐怖に感情を支配され、体を萎縮させて、足を動かせなくしてしまうのです。

出来事・物事は同じでも、

想像が変われば意識が変わり、

意識が変われば感情が変わり、

感情が変われば態度が変わり、

態度が変われば行動が変わります。

これが「想像力は意思力に勝る」ということです。

「将来的なお金の不安はない!」とあえて発想してみて、経済的自由を得ている状態を想像してみてください。

毎朝、広々としたダイニングのテーブルでゆっくり朝食を食べ、テレビや新聞を見ながら食後のコーヒーを飲み、そばには愛する家族がいて笑顔でみんな会話をしている日常の風景がある……。

ゆったりとした広さのある持ち家で、庭には季節の花が咲き、駐車場には自分の愛車と家族の車が数台停めてあり、雨が降っても濡れることなく車に乗ることができるカーポート仕様になっている……。

その日は、午後から歌舞伎を観に行く予定があって、当然もう予約はとってあるし、夜は五つ星レストランで食事をして、久しぶりに旧友と会う予定だったな……。

来週はヨーロッパ旅行へ行くからそろそろ洋服も新調しておこうか……。

どうでしょうか？　ご自身でその状態を想像されたでしょうか？

ビジネスマンとして、会社でバリバリ活躍して出世もして給料をたくさん稼いで、その稼いだお金を貯金している姿もぜひ想像してみてください。

「想えば成る！」です。

03 G－PDCAサイクル

ビジネスでは、ＰＤＣＡサイクルが大事とよくいわれますが、ＰＤＣＡとは、仕事を普遍的に効率よく進めるためにはどのようなプロセスを経て行うことがよいのか、という観点から生まれた4つの要素を指します。

一般的にはＰｌａｎ（計画）・Ｄｏ（実行）・Ｃｈｅｃｋ（点検・評価）・Ａｃｔ（改善・処置）の頭文字を取って「ＰＤＣＡサイクル」と呼ばれており、最後のＡをＡｃｔｉｏｎ（行動）と位置付ける場合もあります。

表現を変えれば「準備、実行、後始末、再行動」です。

ビジネスマンの常識とされている業務遂行術の一つですが、そこにもう一つ忘れてはいけないのが「目標」すなわちゴール（Ｇ）です。

まず目標があってこその計画であり行動です。

どんなに立派な計画を立てても、またそれを実行に移しても、前提に目標がなければチェックのしようがありません。したがって「Ｇ－ＰＤＣＡサイクル」として意識することが大切です。

G-PDCA サイクル

G-PDCA サイクル（ゴールを明確にすることが大切）

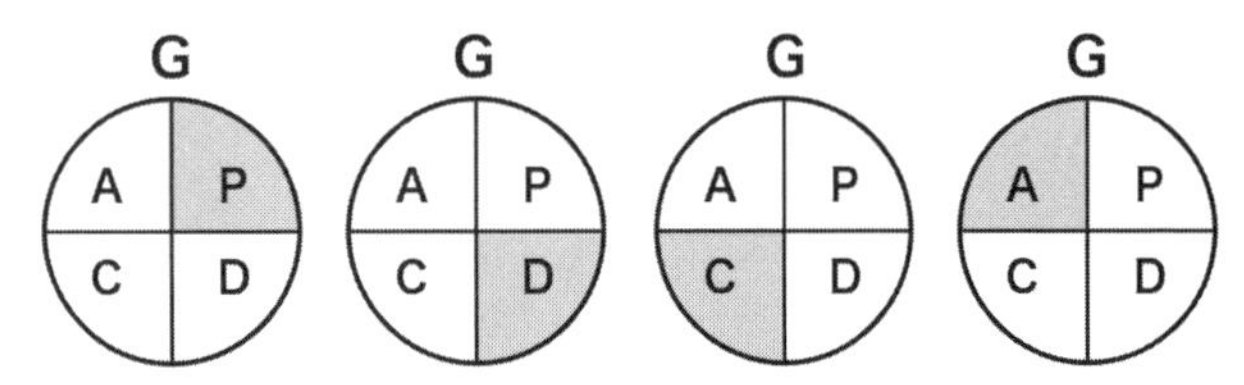

1つの目標が達成されてから次の目標にとりかかるのではなくて……

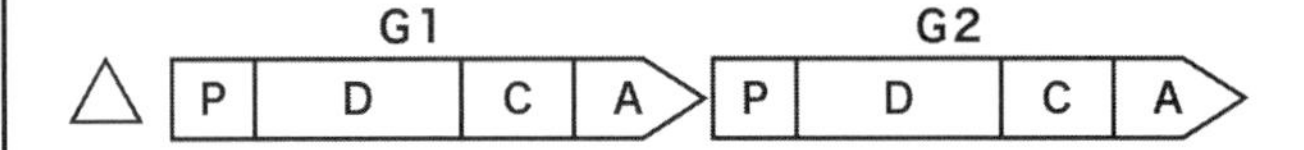

一つの目標が達成するのを待たずに、次々と目標を設定して同時進行で進めるほうが効率的です

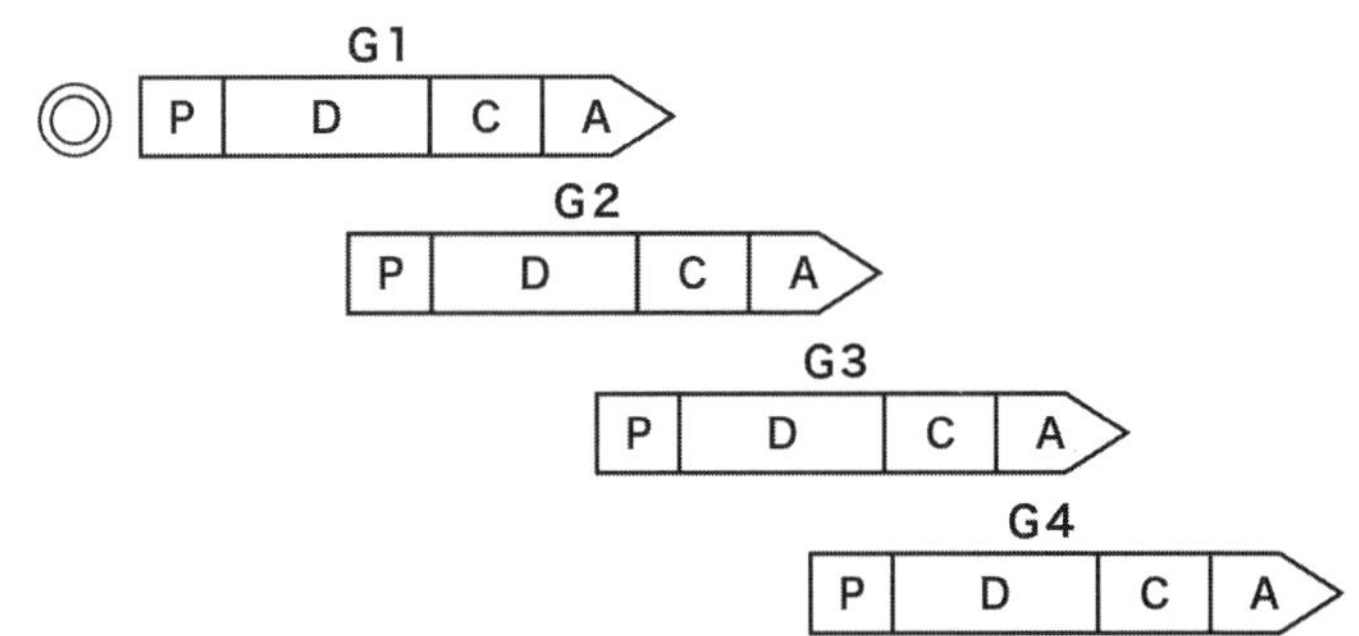

G（Goal）目標・目的地
P（Plan）計画を立てる
D（Do）計画に沿って行動する
C（Check）行動結果を確認・反省する
A（Act）再検討して必要な処置をとる

このサイクルの中で重要視すべきなのは、C（チェック）の部分です。

たいていのサラリーマンは、これをおろそかにしてやりっぱなし状態にしてしまいがちです。物事は、丸投げ、放り投げ、やりっぱなしはよくありません。

必ずチェックして改善工夫につなげることが、早く目標（G）へ到達するコツです。


このPDCAサイクルを少し応用して考えると、経営ではこう言えます。

「顧客満足度を高める→売上が伸びる→利益が増える→再投資して新たな顧客を創造する」というサイクルです。

さらにこれをサラリーマンに当てはめれば「会社に満足してもらう→給料が増える→貯金を増やす→自己投資してさらに成長する」というサイクルになります。

このサイクルを仕事上において繰り返し行えば、社内における自分の存在意義を高めることができます。

あとは、そのスピードと、そもそも「最初に用意すべき目標（＝G）が何なのか」が大事なことになります。

サラリーマンは、目先的には「お金を○○円貯める」ことを目標にして自分自身にG－P

ＤＣＡサイクルを設け、それを忠実に繰り返す行動をするとうまくいきます。

ところで、有名なウサギとカメの寓話があります。

ある日、ウサギとカメが丘の頂上までかけっこの競争をすることになりました。

ウサギはあっという間に先へ走っていきましたが、カメがあまりにも遅いので途中で休憩していました。

するといつの間にか寝てしまったようで、気がついたときにはもうカメがゴールしていて、結局ウサギは負けてしまいました……という話です。

この話には興味深い教訓が隠されています。

一般的には「どんなに自分が優勢だとしても油断してはいけない」とか「どんなに自分が劣勢でもあきらめないでコツコツ努力することが大事」といったことが知られています。

視点を変えて、ウサギは何と闘っていたのかというと、それはカメでした。

カメのことばかりを気にしてウサギは走っていたわけです。

一方、**カメは何と闘っていたかというと、ウサギではなくて自分自身でした。**

つまり、カメはウサギがどこにいるかということよりもひたすらゴールを目指して、頂上のみを目標にして自分と闘っていたのです。

ここに、この寓話の隠された教訓があります。

「目標を定めたら己自身との闘いだと思ってあきらめるな」ということです。

ビジネスマンは、己の目標を定めてそれに向かって進むことが身についている人です。

カメは、もしウサギに負けていたとしても、「敗北感」を味わうことはなかったはずです。

むしろ、ゴールしたことに「達成感」を感じたことでしょう。

節約のワナとは？

無駄なお金の支出をしないことが節約です。

自分のことなのに自分のお金を使おうとせず、他人のお金を使おうとする人は単なるケチな人です。

節約はいいのですが、ケチだと長期的にはマイナスに働きます。

なぜなら人が離れていくからです。

したがって、お金を貯めようとするあまりにケチになっては人生つまらないものとなります。節約にしても、最初から急激に節約をするとストレスが溜まり、どこかで反動が出てかえって散財してしまうので注意が必要です。

節約すること自体は美学ですが、間違った節約方法をとってしまうと、どんどん苦痛・イヤ感が高まっていきます。そうした節約のワナにはまらないことが大切です。

節約で有効なのは、お金の絶対額の大きさにこだわることです。

たとえば、一袋30円のもやしを買うのを節約しても最大で30円です。節約率でいうと100パーセントの節約でも、絶対額では30円なのであまり効果的ではありません。

200万円の車を180万円で購入できれば、節約率では10パーセントですが、絶対額では20万円ですから、30円のもやしの6666個分に相当します。

自宅を購入するときでも、仮に5000万円だとすれば、5パーセントでも250万円の節約となります。

このように、節約は率よりも絶対額にこだわることのほうが大切です。

節約というと、お金の節約がまず頭に浮かびますが、時間の節約という概念も忘れてはいけません。

ただし、時間はお金と違って貯めておくことができません。

時間を節約してもしまっておくところがないので、正確には時間は節約するものではなく「短縮」するものです。効率よく時間を使ってそこで空いた時間を別のことに使うことが、時間を無駄にしない方法です。

お金を積み重ねてもお金はお金のままですが、時間を積み重ねると自分の生き様・人生のすべてになります。時間はそれくらい大切な資源です。

実質的な節約金額は？

あるサラリーマンがいて、所得税と住民税と社会保険料を合わせると毎月給料の25パーセントが天引きされているとします。

その人が車を買おうとしたとき、もともと２００万円のところを交渉して１８０万円で購入できたとします。20万円の節約ができたということは、視点を変えれば20万円の収入を得たのと同じ効果があるのですが、よく考えてみるとこうなります。

この人が20万円の手取り給料を得るには、税引き前で20÷（１－０・25）≒26・7万円の収入がなければいけないわけです。

つまり、節約できたのは20万円ではなくて26・7万円分に等しいということになり、このサラリーマンの場合は20万円の節約は「26・7万円の収入を得たのと同じ」ということになります。

40万円の節約なら53・4万円の収入を得たのと同じです。

そう考えると節約はやはり有効ですね。

05 インフレーションとデフレーション

インフレーションは、物価が継続的に上昇するのと合わせて個人の所得も継続的に増加している状態です。

反対に、デフレーションは、物価が継続的に下落するのに伴って、個人の所得も継続的に減少している状態です。

それぞれの上昇幅・下落幅の差によって、生活が楽になったとか苦しくなったと人は感じるようになります。

かつて高度成長時代と呼ばれた時期や、バブルと呼ばれた頃はインフレ時代でした。

たとえば今100万円で買えるモノが、5年後には100万円では買えずもっと高い値段になっている、という世の中でした。

お金の価値以上に、モノの価値が上昇する時代がインフレの世です。

そういう時代では、働いて、稼いで、貯めて、何とか100万円用意しても、どうせ5年後に買えなくなるのであれば（それだけ値上がりするのなら）、今、100万円で買えるうちに借金してでも買ったほうが、結局はトクだ！　という感情になります。

ところが、デフレの時代はこれが逆転します。

今、借金して無理に100万円で買っても、5年後にはもっと安く買えるようになっているのがデフレの世です。

それなら、どうせ価値は下がるし、借金して金利を払わなければいけないことを考えたら、結局借金して今買うのはソンだ！　となります。

インフレの尺度と、デフレの尺度が異なることに気づかないでいると、同じ出来事を違う角度からとらえることができず、先入観・固定観念に縛られてしまって思わぬ失敗につながりかねません。

1980年代に、アメリカのレーガン大統領が取った経済政策・政治政策を称して「レーガノミクス」と呼ばれていました。

レーガノミクスの主軸は、

①所得税減税
②非国防の歳出を軍事関連に排出転換
③規制緩和による投資促進
④ドル高を誘導してインフレ退治

でした。

一方、安倍政権発足後に黒田日銀総裁と組んで打ち出された政策は、レーガノミクスにちなんでアベノミクスと呼ばれており、主軸はこうです。

①インフレ目標を2パーセントという明確な数字設定
②円高の是正（＝円安誘導）
③無制限の金融緩和（円紙幣の増刷）

デフレ・円高が日本経済を疲弊させてきたという前提のもと、それをインフレ・円安に移行しようという政策です。

前日銀総裁の白川氏は「歴史に学べば莫大な量の通貨供給は制御不能なインフレに至る」と警鐘を鳴らしていましたが、安倍政権はとりあえずそれを認識したうえで舵取りを転換したわけです。

もしも政府の読みどおりに物価が2パーセント上がるとすれば、それはお金の価値が目減りしていくことを表します。

大手銀行などの金融機関の預け入れ利息は、定期預金の利子でも、0・03パーセントくらいしかありません。物価は2パーセント上昇、預金しても0・03パーセントしか増えないとしたら、お金を現金のままで持って（預けて）いても目減りするスピードの方が明らかに速いと言えます。

つまり、銀行にただ預けておけば安心だという考えは有効ではなくなります。

先のことは誰にもわかりませんが、大局を見ようと努めることは大切です。

インフレの時代では、「お金を貯めてお金のままで保有していても意味がない」ということを知って対策を考えることも、将来的なお金の不安を解消するためには必要です。

06 インフレリスクを知ろう

国がお金を得る方法は、大きく三つあります。
①税金の徴収

②国債の発行
③新札を刷って増発行
幹となるのは、①の税金で、あとの②③の二つは枝葉です。

それぞれ段階的に行うこともできますし、すべて同時に行うことも可能ですが、②の国債の発行は正当な理由が必要です。なぜなら、国債発行の本質にあるのは国の借金だからです。

国債を発行すれば、ないはずのお金を簡単に得ることができるわけですから、国債の発行は一種の毒まんじゅうで、その毒まんじゅうを食べてしまうと、借金を返済するために国はさらにお金をかき集めなければいけなくなります。

ところが、国債発行で得たお金を、結局、以前に発行した国債利子の支払いや国債の償還中心に充てるとすれば、もう自転車操業状態で、借金を返すために新たに借金をしている状態です。

いつか国債を買う人がいなくなるか、買いたくてもその人（会社）のお金がなくなったときがゲームオーバーとなります。

国はそれまでのやり方では借金が返せない……。そうなると、国債を買っていた金融機関などは国債に投資したお金が戻らなくなるので困ってしまいます。

そうした情報が広がると、多くの人が不安になって金融機関からお金を引き出そうとします。つまり、自分でできること＝自己資金の保全を図ります。

みんなが一斉にお金の引き出しを始めると、銀行からお金がなくなり、あっという間に恐慌が起きます。

こうしたことは過去の歴史の中で類似した例があるので、国もそれを承知したうえで同じ轍（てつ）を踏まないようにします。

最悪の結末を回避するために、国は別の手段でお金を用意するしかありません。

それが、③新札を刷って増発行をすることです。これが最後の砦です。

しかし、実体経済とお金の市場の需要バランスが取れていない状態でお金だけが増えると、それはつまりインフレーションを引き起こします。

インフレの本質にあるのは、「物価が上がる」ということですが、隠れた背景にある大事なことは**「皆が持っているお金の価値が下がる」**ということです。

インフレについては、韓国でこんな前例があります。

1997年11月21日に、韓国は自国が通貨危機に陥ったことからIMF（国際通貨基金）に支援を要請し、翌月にはIMFから約600億ドル弱の緊急融資が行われました。

当時の円に直すと、130円×600億ドル≒7・6兆円くらいです。

財政破綻状態だった韓国ではインフレが起こり、失業者が増え社会不安が拡がり、韓国通貨のウォンは約４分の１に暴落しました。

また韓国では、当時は国内金利も上昇し、約30パーセントとなったようです。

30パーセントの金利では、普通にお金を借りている人はあっという間に破綻です。

インフレになると、物価も賃金も上がることで生活面ではさほど影響がないようにも思えますが、その上昇カーブにはタイムラグ（時間差）があります。

したがって、収入はさほど増えないのにまわりの物価はどんどん上がっているという状況が起きます。

言えるのは、「現金の価値が下がるということは、現金で保有するよりも株や不動産などの実物資産で保有するほうが財産の目減りを防ぐ効果がある」ということです。

インフレリスクを回避するうえでも、貯めたお金は早い段階で次のステップの「増やす」に回して、**財資産**に変換していくことが大事です。

コラム6

為替レバレッジ投機術

為替レートを利用して投機的にお金を儲ける方法があります。
その方法はこうです。
①通貨価値の安い国でお金を借入します。
②それを通貨価値の高い国の通貨に両替します。
期間をおきます。　↑★ここがポイントです
③両替した通貨をもとの通貨に替え、借金を返済します。
手元には、その間に発生した両国間の為替における差額が残ります。
これが「為替レバレッジ投機術」です。

たとえば1ドル＝100円のときに、「円」で1億円を借金したとします。
それを「ドル」に替え（＝100万ドル）寝かしておきます。
期間が経つのを待ちます。　↑★ここがポイントです
やがて1ドル＝10000円となったときに、先の100万ドルを「円」に戻します。

100万ドル×10000円＝100億円です。

1億円が100億円に化けました。

借金した1億円（元本）を返済し、その間の利息を支払っても相当な金額が手元に残ります。

極端な例かもしれませんが、1ドルが100円から10000円に円安になるとこうしたことが起こりうるわけです。

超円安……ハイパーインフレともいえます。

そこまでいかなくても1ドル＝1000円……500円……200円というだけでも、為替レバレッジを利用した**投機術**で儲けることは可能です。

ただし、重要なのは為替を熟成させるための時間（期間）が必要なことと、思惑どおりになるかどうかにもわからないといったところです。

また、借金の返済と金利負担がかかることを忘れてはいけませんね。

年金を知っておこう

サラリーマンにとって、給料日は懐が豊かになる嬉しい日です。

年金受給者のそれにあたる日が、いわゆる年金支給日です。

年金は偶数月の15日に、前々月と前月の2カ月分が支給されます。その2カ月分の年金で、次の年金支給日までのお金のやりくりをすることになります。

基本的には、支給される年金額内で生活をすることが大切で、そうしないと経済的に破綻します。

1カ月当たりの国民年金（老齢基礎年金）支給額は、6万4400円（平成26年度）です。

老齢厚生年金支給額は、人によって異なりますが、サラリーマンが40年勤務して平均標準報酬月額が一般的統計値くらいだと仮定すると、1カ月当たり約8万7000円です。

老齢基礎年金と合わせると、1カ月に15万円くらいです。

厚生年金に加入していなかった人は、国民年金だけですから、6万4400円です。

これで1カ月の生活を送れる生活設計の人は何の問題もありませんが、多くのサラリーマンの場合は1カ月に15万円では心もとないはずです。

ゆとりある老後の生活費

最低日常生活費とゆとりのための上乗せ額を合計したゆとりある老後の生活費は平均で35.4万円となっています。前回(2010年)より1.2万円減少しています。

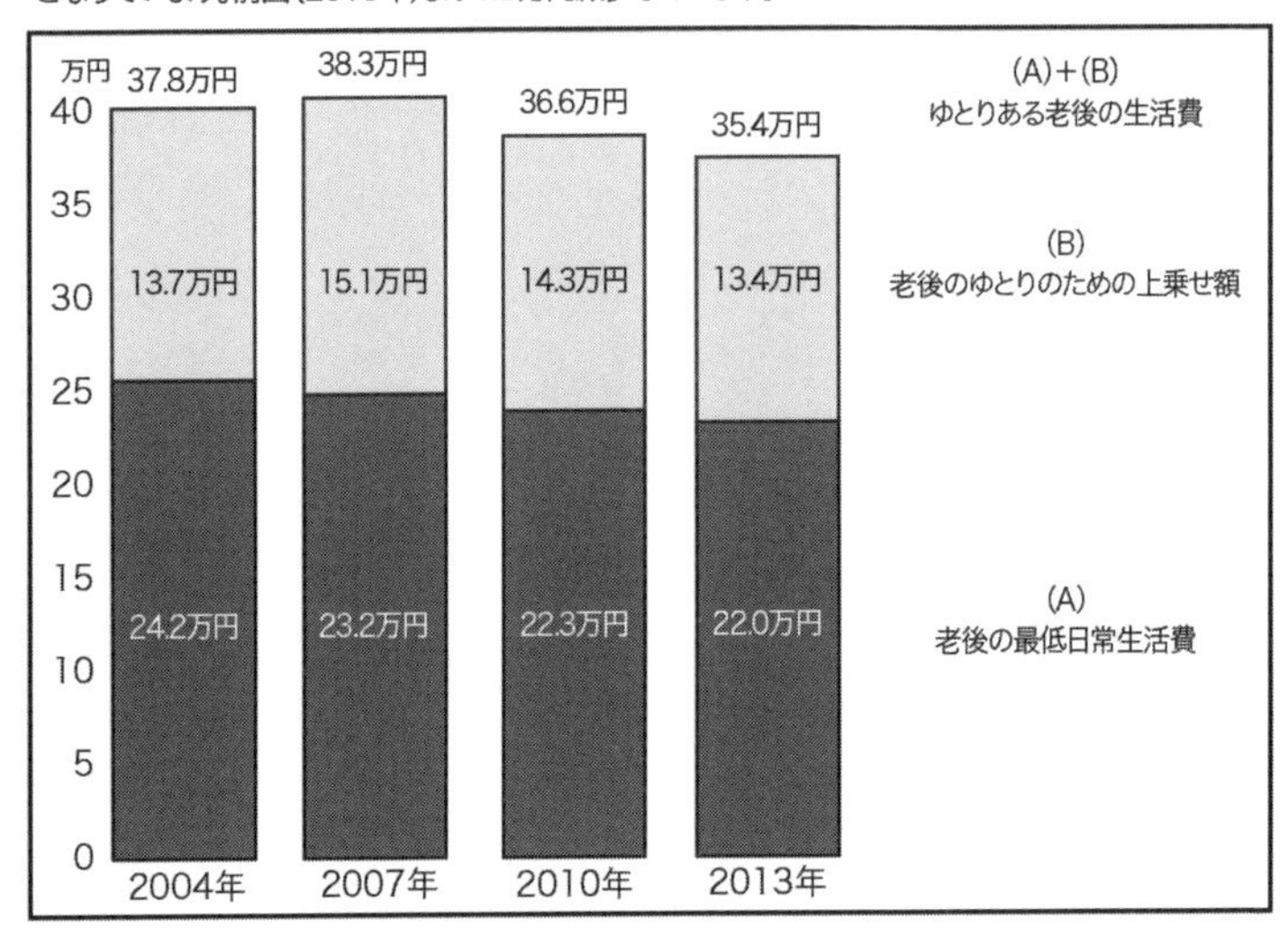

出典：「2013 年度生活保障に関する調査」生命保険文化センター

なぜなら、ゆとりある生活を送るために必要な生活費は1カ月当たり35～40万円だと一般的に考えられているからです。

そうなると、何らかの補てんをする必要があります。

一般的には、貯金の取り崩しです。

そのために、現役時代からコツコツと貯金をしてお金を蓄えたり、退職時に会社からもらえる退職金をあてにしている人もいます。

一方で、何も考えずに毎日を惰性で過ごしているだけの人もいます。

「イザ！」というときになって、貯金もなく、1カ月の生活設計がうまく立てられていないと「生活が苦しい！」

となりますが、アリとキリギリスの寓話のように、来るべき日のために事前に準備をしておかないと、そのときになって慌ててもすでに手遅れです。

一年経てば、人は必ず歳(とし)を一つ重ねます。

自分の勤めている会社の定年年齢から現在の自分の年齢を引けば、定年退職までの残された年数がわかります。その残された年数の中で、老後の公的年金だけでは賄(まかな)いきれない分の生活費用の工面を強く認識することが大事です。


１９６１年に国民皆年金制度がスタートし、その後１９６５年にはお年寄り世代一人を現役世代９人で支えている構図でしたが、２０１２年では現役世代３人で支えている構図に変わり、それもやがて２０５０年には現役世代１人でお年寄り１人を支えることになるともいわれています。

昔は年金で入ってくる収入のほうが生活費で支出する費用より多かったので、老後には何の心配もありませんでした。そして、差し引き残った分は貯蓄され、やがて子どもたちに相続され引き継がれていくという構図でした。

今は、この構図がほぼ逆転しています。

大切なのは、時代背景が変わったことをまず知り、そのためにどうするかを考え、対策を練って、行動することです。

対策を練って行動するにはG－PDCAサイクルを循環させることが一つの大事な手法です。Gはもう明確なのですから、次はP（計画）を練る。つまり、人生における計画、将来のお金に関する計画、すなわち自分と家族のライフプランとマネープランです。

08 ライフプランとマネープランを設計してみよう

自分と家族が、人間らしい生き方をして、普通に社会の中で生活していくために必要な金額はいくらなのか？

家賃（固定資産税）／電気代／水道代／ガス代／電話代／インターネットプロバイダー代／住民税／所得税／健康保険料／年金保険料／介護保険料（40歳以上）／生命保険料／損害保険料／火災保険料／食費／衣服費／交際費／教育費／習い事代／ペット費／雑貨費／旅費／新聞代／本代／車代／交通費／遊興費／……など細かく分けると内訳はいくつにもなります。

サラリーマンは、会社の雇用に定年概念がある以上、将来のこれら自分の生活費用がいくらくらいの目安で、その充足をどうするか？　と予め考えておくことが大切です。

いわゆる**ライフプラン**を具体的に紙に書いて、合わせて**マネープラン**もセットで設計（シ

ライフイベント表

◯◯家のライフイベント表

例：夫婦と子供２人で夫が 43 歳、妻が 42 歳、子が 14 歳（中２）と 10 歳（小４）の場合

	西暦	平成	夫の年齢	妻の年齢	子どもの年齢	学年	子どもの年齢	学年	年間通常支出額	イベント	イベント支出額	その他A	その他B
例	2014	26	42	41	13	中1	9	小3	400万円	車検	10万円		
今年	2015	27	43	42	14	中2	10	小4					
1年後	2016	28	44	43	15	中3	11	小5					
2年後	2017	29	45	44	16	高1	12	小6					
3年後	2018	30	46	45	17	高2	13	中1					
4年後	2019	31	47	46	18	高3	14	中2					
5年後	2020	32	48	47	19	大1	15	中3					
6年後	2021	33	49	48	20	大2	16	高1					
7年後	2022	34	50	49	21	大3	17	高2					
8年後	2023	35	51	50	22	大4	18	高3					
9年後	2024	36	52	51	23	社1	19	大1					
10年後	2025	37	53	52	24	社2	20	大2					
11年後	2026	38	54	53	25		21	大3					
12年後	2027	39	55	54	26		22	大4					
13年後	2028	40	56	55	27		23	社1					
14年後	2029	41	57	56	28		24	社2					
15年後	2030	42	58	57	29		25						
16年後	2031	43	59	58	30		26						
17年後	2032	44	60	59	31		27						
18年後	2033	45	61	60	32		28						
19年後	2034	46	62	61	33		29						
20年後	2035	47	63	62	34		30						
21年後	2036	48	64	63	35		31						
22年後	2037	49	65	64	36		32						
23年後	2038	50	66	65	37		33						
24年後	2039	51	67	66	38		34						

ミュレーション）してみてください。

会社の行事や式典などでは、実行委員がいて、式次第や必要なモノ・人・当日までのスケジュールなどを予め紙に書き出して可視化します。

そして、計画を立てたらそれをなぞるように実行に移していくわけです。

紙に書いておかないと、漏れます。

紙に書いておかないと、忘れます。

紙に書いて確認しないと安心できません。

不思議なのは、それほど「書いて目に見えるようにしておくことが大事」だと仕事上ではみんな知っているのに、プライベートになるとやらなくなる人が多いということです。

夢・目標の実現などは、重要な人生のイベントだからこそ余計に、事前の書き出し、準備、予定時期の設定を組むことが大切です。

ライフプラン、マネープランをぜひともつくってみてください。

計画（プラン）を立てて、自分なりに何らかのルールを作れば、それが自分を律する規範となります。会社や国でいえば制度が整えば規則をつくれるようなものです。

計画も制度も大切なことが一つあります。

それは「**いつでも変更できる**」ということです。

実際、計画は立てるだけでなく修正することが大切です。

シミュレーションが役立つのは前提条件ありきですから、その前提条件が変わればすぐさま計画の修正も必要となります。計画を立てたら終わり……では危険です。

また、計画を立てる時間がない、という人がいます。

それは「計画を立てる時間がない」のではなく、「**計画を立てないから時間がない**」のです。

そもそも今時間がないのは、過去に計画を立てないで場当たり的に生きてきたからだとも言えます。

人は、先が見えないと不安な動物です。完全に先が見えていれば不安は解消されますが、不完全であってもある程度先読みができていれば安心感を持てます。

だからこそ、将来的なお金の不安を解消するために将来のことを立案し、計画を練っておく必要があるわけです。

増やす（育む）
――お金が新たにお金を生む

投資と投機の違いを知ろう

お金を貯めたら、次は「増やす」のステップへ移ります。

お金を増やすには、お金自身を稼働させるのが一番です。

なぜなら、お金は人間と違って食事もいらないし、24時間文句も言わずに機能を発揮してくれるからです。

お金を稼働させるとは、つまり「投資」を行うという意味です。

サラリーマンが将来的なお金の不安を解消するためには、「投資」という道は避けて通ることはできません。

「投資」なくしてお金が増えることはないからです。

まずは、混同しがちな「投資」と「投機」という言葉の定義を理解しておくことが必要です。


投資とは、資に投じるものでインカムゲインを求めることです。

投機とは、機に投じるものでキャピタルゲインを求めることです。

　つまり、投資とは投資対象物を手にした後はそのまま保有して、そこから生み出される**派生利益（インカムゲイン）**を追求するものであり、投機とは機を見計らって対象物を売買して**転売買差益（キャピタルゲイン）**を追求するものです。

　投資という大きな枠組みの中に投機が内包されているとも言えますが、一番大事なことはその利益を求める発想の違いにあります。

　たとえば、投資というと「株式投資」が有名ですが、多くの人は株式投資ではなく、実質的には「株式投機」を行っています。

　つまり、株式の売買を行うことで転売買差益を求めているのが一般的です。

　本来の株式投資を行っている人は、一度購入した株式を決して売却しません。

　あくまでもその株式を保有したままで、毎年入ってくる配当金や株主優待を期待しているわけです。

　どちらの手法が良いとか悪いとか、優れているとか優れていないということではなく、どちらの手法を選択して実行するかを自分自身で決断することが大切だということです。

　サラリーマンが将来的なお金の不安を解消したいと思うなら、そしてこの「増やす」というステップを踏むのなら、**セオリーは「投資」であって投機ではありません。**ぜひ、投資を心がけてほしいと思います。

ただし、株式投資で期待できる年利回りは、投資した元金に対して良くても3パーセントくらいです。

100万円の投資で3万円、1億円の投資で300万円です。

これでは、サラリーマンの平均賃金である408万円を手にするためには1億3600万円の元金が必要となり、それだけのお金を貯金するのはたいへんむずしいことです。

したがって、株式投資はあまりおススメしません。なぜなら効率が良くないからです。

もっと効率の良い投資方法があります。

それは「不動産投資」です。

不動産投機はマンションなどを購入して高く売って儲けるという手法ですが、**不動産投資は、マンションやアパートを買って「家賃」を得る手法です。**

購入した不動産はそのまま保有して、あくまでもそこから毎月発生してくる家賃収入を目的とします。

もちろん、不動産を購入するにも多額の資金が必要となります。

しかし、株式投資ではできない秘訣が不動産投資には隠されているので、その方法を使えば少ない自己資金でも不動産を購入することができるのです。

詳しくは後ほど説明します。

コラム 7

マルサの女

国税局査察官のことを通称「マルサ」と呼び、そのマルサを職務としたヒロインが、ある脱税容疑のある男を徐々に追い詰めていくという映画「マルサの女」がバブル絶頂期のころに大ヒットしました。

翌年には続編も作られたくらいです。

その映画「マルサの女」で、「どうしたらお金持ちになれるのか」と聞かれ、山崎努さん演じる主人公がこんなことを言っています。

「洞窟の中に一人でいるとするだろ。

のどがカラカラに渇いてきて水が欲しくなる。

ちょうど洞窟の天井から水滴が落ちてくるのをコップに一滴、一滴と溜めていくとき、普通の人は半分くらい溜まったら飲んでしまう。

それじゃあダメだ。

コップ一杯になってもまだ飲んじゃダメだ。

いよいよコップの上限から水があふれてくる。

そのあふれた水を舐めてのどを潤すんだ。

そうすればコップの中の水は減らない。

これが金持ちになるコツさ」と。

お金に不自由しない生活を送るためにはただお金を貯めているだけではダメで、貯金したお金を増やして、増えた中から使うようにすることが大切です。

それには、とにかく増えるまで待つことが大切ですね。

02 チャンスにはトライしよう

経営の神様と呼ばれる松下幸之助さんの言葉に、こんなのがあります。

「執念ある者は可能性から発想する。執念なき者は困難から発想する」

「可能性から発想する」とは、つまり「どうしたらできるだろうか?」と、未来から逆算して考えることです。

「困難から発想する」とは、「〜だからできない」と過去からの順算で考えることです。

ビジネスマンが未来とつながる目的で動き、サラリーマンが過去とつながる理由で動くのと同じです。

お金を「増やす」には、過去を忘れて未来の可能性を発想することが大切です。

未来にお金が増えている状況を想い描き、「その状態を作り出すためにはどうすればいいか?」といつも考えていることが大切です（想えば成る）。

そして、目の前にあるチャンスにはとにかく飛びつくことが大事です。

チャンスはいつもめぐり巡って自分の手元に現われてきています。

せっかく手元に来ているのにつかまないのは本当にもったいないことです。

こんな例え話があります。

あるところに、神を信じてやまない男が住んでいました。

男はいつも、自分に何かあっても神様がきっとチャンスをくれて助けてくれると信じていました。

そうしたあるとき、近くの川の水かさが増していることから近所の人が危険だから避難したほうが良いと忠告に来てくれました。

しかし、男は「私には神様がついているから大丈夫です」と避難しませんでした。

やがて、川が氾濫し、川の水は男の家の近くまで迫ってきました。

町の消防団員が家から逃げるように男の家まで説得に行きましたが、「私には神様がついているから大丈夫です」と言って男は逃げませんでした。

ついに洪水は男の家まで流れてきて、男は家の外の屋根に上がりました。

ヘリコプターで救助に来た隊員が声をかけると、男は大きな声で「私には神様がついているので大丈夫です」と言いました。

ところが、結局男は濁流にのまれて流され死んでしまいました。

あの世で、男は神様に言いました。

「神様ひどいじゃないですか、私はあなたを信じていたのにどうして助けてくれなかったのですか?」と。

神様は静かにこう言いました。

「だから、わしは3回も助かるチャンスをお前に与えたのじゃ」と。

チャンスはいつも目の前に来ているのに、つかまないで放っておくとすぐに目の前から去っていってしまいます。

本書を読んでいること自体がすでにチャンスに巡り合っていると思ってください。

チャンスにトライするとどうなるか

チャンスにトライするとチェンジできる！

CHANCE ＋ Try ⇒ CHANGE

C ＋ T=G

チャンスをつかんで試してみようとする（トライする）姿勢が大切です。

ただし、トライしても最初から一度で何でもできる人はいません。何度でもトライしていくことで人はやがて変化します。その変化が成長です。

人が変化（成長）するときはチャンスをつかんだときなのです。

前向きで目的を伴った積極的な「ノー」でない限りは、すべてのチャンスに「イエス」と答えるべきです。チャンスを逃すと、それは誰か別の人のチャンスとなります。

サラリーマンはお金を貯めるだけでは、決して経済的自由は得られません。

給料から毎月安定的に貯金をするのは「ある程度は」いいことですが、あくまでも「ある程度」です。貯金だけでは将来的なお金の不安は解消されませんから、**投資をするチャンスを見つけて一歩踏み出すというトライをすること**

が大切です。

適材適所ではなく適所適材の発想を持とう

チャンスは目の前にあるのに、そのチャンスをふいにしてしまう人は、サラリーマンの中には大勢います。

会社でも仕事に対して本気になれず、つい、もっと別の仕事をやってみたい、自分には違う仕事のほうが合っているんじゃないか、あっちの仕事は楽そうだなあ、自分が好きなのはこんな仕事じゃない……などと考えはじめたりします。

「今の仕事が自分に合っていないのではないか?」と不安を抱える時期は実は誰にでもあるものです。

なぜなら、仕事というのはいつもうまくいくことばかりではなくて、どんなに成績優秀な人でもスランプに陥ったり、苦しみもがく時期を経験するものだからです。

また、こういうネガティブな心理状態になっているときは、たいていは仕事がうまくいっていないとき、社内でくすぶっているとき、営業成績が伸びないときなどです。

ところが、今の仕事が自分には向いていない、適性がない、というのは、ほとんどの場合はただ無理矢理にそう思いたいだけのことが多く、自分にそう言い聞かせることで自我を守ろうとしているだけなのです。

適職（適所）でないから実績が悪いのではありません。

実績が悪いから適職（適所）でないと思い込みたいだけなのです。

仕事に限らず、人の「好きなもの」というのは絶対的なことではなく相対的なことです。

以前に「好きではなかったこと・食べ物・人」が、今では「好きなもの」になっていることはよくあることですし、その逆もあるものです。

人の好みは変わるのです。

今好きなことが将来的にも「好きなこと」のままであるかどうかはわからないのです。

若い人はまだ経験値が乏しいだけであって、「好き・嫌い」というよりも、経験が「ある・ない」というだけのこともよくあります。

好きなことを仕事にするのは危険だといわれるのは、そういうことからです。

したがって、「仕事を好きになる」ほうが大事です。

自分に適した仕事を探しても見つかりません。

そんなことをしても不毛です。

やるべきことは、今従事している仕事に自分を適合させる努力をすることです。

出世して高収入を稼ぐようになるビジネスマンは、皆そういう努力をしています。

そして、自分に実力がついて職位が上がることで権限も加わっていき、徐々に職場の仕事のやり方や環境を自分に最適化するように変化させていくのです。

実力がないうちは、自分に適した仕事なんて見つけようにも見つけようがないのです。

そういう人に限って特段努力もしませんから、永遠に自分に適した仕事、職場が見つかりません。

「適材適所」という言葉が適用されてしかるべきなのは、ある一定以上の経験値を持つ人たちだけで、そうでない人に適用される言葉は**「適所適材」**です。

すなわち、今自分が置かれている環境下、今の職場、今の仕事を自分に適したものに仕上げていく姿勢がサラリーマンには必要です。

今の環境が適所だと言えるように「適材になること」が重要です。

適所適材、それがサラリーマンからビジネスマンになれる人の考え方・発想です。

投資を恐れ、怖がり、自分に適していないと思い込むのではなくて、逆に投資に自分が適した人間になるように自己成長することが大切です。

お金持ちは財資産を持っている

本書で私が伝えたいことの本質を簡潔に言うとこうです。

今日、お金に困りたくないのなら、お金を「稼ぐ方法」を考えよう。

来年もお金に困りたくないのなら、お金を「稼ぐ方法」と「貯める方法」を考えよう。

一生お金に困りたくないのなら、お金を「稼ぐ方法」と「貯める方法」と「増やす方法」を考えよう。

幸せに暮らしたいなら、お金を「使う方法」を考えよう。

それらの時間を短縮したければ、お金を「借りよう」、そしてキチンと「返そう」。

これらすべてをしっかり身につけたければ、「本書を7回読もう」。


サラリーマンからビジネスマンになって、原理原則に基づいた心の姿勢と行動力があれば、将来的なお金の不安を解消することは誰にでもできるのです。

さて、経済的自由を得るためには、権利収入をはじめとした複収入を持ち、さらにそこで得たお金を貯めた後に増やすことが大切ですが、そうしたときには**「財資産」**という概念を持っておくことが大切です。

財産というのはお金に換算できるモノもあれば、お金には換算できないけれども自分にとってはかけがえのない宝物という意味があり、資産の上位概念に当たります。資産とはお金に換算できるモノをいいます。

財産には、その財産を持っていることで入ってくるお金もあれば、逆に維持費用として出ていくお金もあります。

差し引きして、入ってくるお金のほうが多いモノが「財資産」で、差し引きして、出ていくお金のほうが多いというモノが「財負債」で、持っているだけではお金が出ても入ってこないというのが「財宝」です。

財資産をたくさん持っている人がお金持ちと呼ばれます。

お金を増やす方法は大きく6通りあり、それらを組み合わせることで相乗効果が見込まれ、より早く手元のお金を増やすことができます。

元になる公式はこうです。

お金を増やす＝（収入－支出）＋（財資産×運用利回り）＋（財負債×運用利回り）

つまり、こうです。

①収入を増やす
②支出を減らす
③財資産を増やす
④財資産の運用利回りを上げる
⑤財負債を減らす
⑥財負債の運用利回りをゼロに近づける
（財負債の運用利回りはマイナス利回りなので、マイナスからゼロに近づける）

こうして今自分が持っている財産がどれにあたるのか判別し、財資産を増やして財負債を減らしていくことが方向性として重要です。

まだ財資産をもっていなければ、まずは財資産を持つことからはじめなければいけません。

その財資産の一番要になるのが不動産です。 株式ではありません。

サラリーマンは、安易に株式相場に手を出しがちですが、ビジネスマンは株式相場にはあまり手を出さないものです。

株式相場との付き合い方

一口に「相場」と言っても、相場には多々あります。

有名なのは、「株式相場」「為替相場」「商品先物相場」などです。

「**相**」というのは「視る（広く大きく見る）」ということで、大臣の名称などに使われることが多く、外務相とか経産相などその分野を広く見渡す役割のある人に用いられ、その最たるものが宰相と呼ばれる内閣総理大臣です。

つまり、もともと「相場」というのは「株式相」「為替相」などの見立てがまずあって、それらのいろんな見方がぶつかり合いながら相の探り合いをするのが「**場**」となり、そこで取引をするので「**相場**」と呼ばれるようになったものです。

手相、人相、顔相、家相、世相、血相などさまざまな「相」があります。

米相場も米の相場である前に、米相の場であったわけです。

人相から人物判断をするように、株式相からその会社の株式価値を見極め株価の動きを読みとくことが、株式投機をする人に必要とされる本来の資質です。

株価は人気投票の結果みたいなものです。

株価を変動させる要因は一つだけではなく、また一貫性もなく常に流動的です。業績が良ければ株価が上がるとも限らず、悪い業績が発表された後に株価が上がることもあれば、好業績が発表されたにもかかわらず株価が下がることもあります。

やみくもに他人の動きを追って株価を追いかけて儲けようとするのは、自己責任の範疇ではもちろん問題ないのですが、サラリーマンの将来のお金の不安を解消する手法としては不向きです。

なぜなら、株価を追いかけることは転売目的の「投機」となり、あまりにもリスクが大きくなるからです。

投機の基本は「安く買って高く売る」です。

どのタイミングが安いときなのかを見極めるのはその人の「株式相」の見立て次第となります。

株価は、いろんな株式相を持つ人たちによる「場」が形成するものです。

つまり、自分一人ではつくることができません。

そう考えると、自分以外の人がどう考えて、はたして売るのかそれとも買うのか？　を考えないといけません。

株価というのはすでに「場」が形成した値段です。

自分の買った値段を基に今後の株価の動きを考えると、判断を誤ります。

「自分はまだ儲かっていない」と考えてもナンセンスです。

自分が儲かっていなくても、「場」次第では、その株を手放すことが必要なこともあります。

むしろ、早く手放さないと損がますます広がることもありえます。

ただ、そうした「場を張る」ことは平日に会社で仕事をしているサラリーマンには至難の業ですし、株価が気になって本業がおろそかになっては本末転倒です。

株価の動きは一喜一憂しやすく、精神的にストレスが溜まりやすいものです。

生活余剰資金で気楽に株式投機を行う分には良いのですが、将来のお金の不安を解消するために少しでも早く経済的自由を手に入れようとした運用方法としては、リスクが大きく不安定で危険です。

株式投機は安く買って高く売ることが前提とはいっても、どこが安いところなのかが誰にもわからないところにリスクの一端があります。

株式相場の格言で「落ちてくるナイフは拾うな」と言われるように、株価が下落してきて株価が安いからといってむやみやたらに買うと、落ちてくるナイフを手でつかむようなことになりかねません。手を切ってしまって危険です。

他人が儲け終わって手を引き始めている市場に、遅れて参入してその株式を購入するような人はたいてい儲からない人です。
株式投機は、本書が目指す目的の実現から考えるとリスクが大きいものなのです。

不動産投資をやってみよう

不動産投資とは、簡単にいえば「保有している不動産を他人に貸して賃料をもらう」ということです。

いろいろある投資手法の中でも不動産投資はその安定した収益性からみて、「お金を増やす」手段として必ず組み込んでおくべき投資手法です。

不動産投資＝家賃収入を得ることのよいところはいくつもありますが、中でも大きく二つあげるとこうです。

①ほとんどの人がやろうとしないから希少性があること
②自己資金が足りなくても、お金を借りることでレバレッジをきかせられること

他にもいろんなメリットやデメリットもありますが、ある人の見立てがメリットでも別の人の見立てではデメリットだったりするので、最後は自己責任のもと自分自身で判断するしかありません。

詳しいことは、不動産関連の本などを読めばどこにでも書いてあります。
①の「ほとんどの人がやらない」のは、多くの人は不動産投資に関する知識がないことと、知らないものへは近寄ろうとしないためだと思われますが、だからこそチャンスもあるわけで、チャンスにトライする行動がチャンスを実らせます。
②の**「レバレッジ」**ですが、これは不動産くらいしか適用できるものはありません。
レバレッジについては第6章で詳しく述べますが、**「てこの原理」**と呼ばれているもので、少ない自己資金を元に多額のお金を借りてそれで運用するという手法です。

金融機関から見てもその不動産を担保にお金を貸出しますので貸し倒れするリスクの低い融資となり、むしろ条件さえ合えば積極的に貸してくれます。

住宅ローンを思い浮かべてもらえればわかりやすいと思います。

不動産投資ほど、少ない自己資金で大きな利益を、ある程度確実性をもって、しかも継続的に得られる投資は他には見当たりません。


不動産物件に良い悪いは原則的にはありません。

物件が良い・悪いではなく、物件を購入する条件が自分にとって得か損かです。

不動産を貸す人と借りる人では、求めているものの次元が違います。

貸す側が求めるのは、今いくらで貸せるかの収益性と、せいぜいその不動産が将来いくらで売れるかの換金性です。

一方、借りる側が求めるのは、生活のしやすさという利便性と、災害等に強いかの安全性です。

ビジネスはまず顧客ありきの発想が大切です。したがって優先すべきは貸す側の指向性ではなく、顧客である借りる側の指向性です。

したがって、最もいいのは、「利便性が高く安全性も高く、かつ収益性があって換金性も高い」という物件です。

もっとも悪いのは、どれも低い物件です。

次項でもう少し詳しく具体例で紹介します。

不動産投資の具体例

ここで、不動産投資の具体的な例を挙げておきます。紙面の都合で細かいところは省いてありますが、不動産投資のイメージをつかんでもらうにはある程度参考になると思います。

狙うべき対象物件はまず場所（地域）から限定していきます。

なぜなら、借りる側（顧客）の立場になって利便性がよいことが第一であり、また今後ますます少子化と高齢化が予想されている中で、人口が減っていきそうな場所で不動産を持っても、人が住まなくなり家賃収入を得られなくなるリスクが高まるからです。

ここを間違えると、将来的なお金の不安を解消するどころか、むしろ増幅してしまうはめになってしまいます。

投資の観点で不動産を選ぶときのおおまかなポイントはこうです。

①将来性（人口増加、地域・町の発展性などが見込めること）
②収益性（キャッシュフローがプラスになること）

具体的に言うと、①将来性のポイントは次の三つに絞ることができます（参考例）。

(1) 立地条件――東京都内で人の乗降者人数が常に上位にある主要駅（池袋・新宿・渋谷・品川・東京）から派生した沿線にあり、イザという時にでもその主要駅からタクシーを使って2000円以内で移動できる（帰宅できる）場所で、かつ最寄駅からは徒歩9分圏内にあること。

(2) 物件条件――(1)の立地条件を満たす鉄筋コンクリート造り（RC造もしくはSRC造）

のマンションで、オートロック、バス・トイレ別、室内洗濯機設置、部屋の広さが20㎡以上あること。

(3) 立地条件・物件条件――東京都23区、名古屋市、大阪市、福岡市にあって、最寄駅から徒歩15分圏内の鉄筋コンクリート造り（ＲＣ造もしくはＳＲＣ造）の２ＬＤＫマンションで駐車場がついていること。

これらの条件をほぼすべて満たしていたら、あとは年間の収支計算でキャッシュフローがプラスになるようにシミュレーションすればＯＫです。

細かい計算は省きますが、キャッシュフローの目安として、満室経営×70パーセントで、自分の得たい収入金額以上になっているように計算しておくと失敗するリスクは低いでしょう。

70パーセントと計算したのは、常に満室であるとは限らないからです。

これらの投資合計金額をいくらにするかは、その人のライフプランとマネープランによって違いますが、ここではイメージを持ちやすくするために年収６００万円を想定してみます。

つまり、「年収６００万円を得るためにはどれくらいの不動産を購入すればいいのか」の一つの目安です。

おおざっぱなイメージとしては、トータル2億円分の物件を金利3パーセントの25年返済で購入し、表面的な家賃利回りが満室で10パーセント程度の不動産だと思ってください。

金利分・その他諸費用（管理費・修繕積立金・固定資産税など）を差し引くと実質利回りが3パーセントくらいとなり、結局手取りキャッシュフローは2億円×3％＝600万円という計算に落ち着きます。

したがって、年収600万円を得るためには、トータル2億円相当の不動産をローンを組んで購入することが一つの目安です。

金利や借入期間によって、また自己資金をいくらにするかによって、この金額は増減しますのであくまでも参考例としてとらえてください。

もともとの表面利回りを高くすることができれば、手元に残るキャッシュフローはさらに多くなりますし、その他諸費用も物件によってかなり異なりますから、事前に自分で何度かシミュレーションしておくことが重要です。

複利を使った「72の法則」

アメリカの自動車王ヘンリー・フォードの言葉にこんなのがあります。

「老人は若者に『貯金しなさい』とばかりアドバイスしたがるが、それはよくないアドバイスだ。

小銭なんか貯めようとしないで、投資することが大切だ。

そして投資先は自分に大きく投資することがもっともよい！」と。

投資先を自分にする、すなわち自己投資と呼ばれるものです。

多くの賢人たちが自己投資の必要性と有効性を語りその重要性を説いていますが、誰一人として「自己投機」とは言っていません。

投機は、対象物を転売してその差益（キャピタルゲイン）を得ることですから、確かに自分自身を転売することはできません。

投資は、対象物はそのままでそこから派生して生み出される利益（インカムゲイン）を得ることですから、自分に投資して、自分が成長してこれまでになかったような成果を生み出すことが大切であり、だからこそ「自己投資」です。

そして、お金が複利計算で増えていくのと同じように、**人間も複利で成長していくところ**が大事なポイントです。

アインシュタイン博士は「数学の歴史上、最大の発見は何か？」と聞かれたときに、**「それは複利である」**と答えたと伝えられています。

複利とは単利に対する言葉で、たとえば１００万円の元金を年利10パーセントで運用するとき、単利だと1年後には１１０万円となり、２年後には１２０万円となり、３年後には１３０万円となります。元金に対して10パーセントずつ増えていくのが単利計算です。

それに対して複利計算では、１年後は同じく１１０万円ですが、２年後には１１０万円を元金として10パーセントの利回りがつくので１２１万円となり、３年後には１２１万円を元金として10パーセントの利回り計算となるので１３３・１万円となります。

わずか3年で、単利と複利では３・１万円の差がついてしまうわけです。

計算すれば誰でもわかることですが、当然年数が経てば経つほど単利と複利の差は大きく開いていきます。

では、複利を使って元金を２倍にするためにはどれくらいの期間が必要になるのか……と考えたときに、これを簡単に計算する公式があります。

通称「72の法則」と呼ばれているものです。

72を利回りで割れば、元金が２倍になるまでに必要な期間がわかるという便利な計算方法です。

たとえば、年利9パーセントの利回りであれば、72÷9＝8年となり、8年間で元金が2倍になることを教えてくれています。

現在の銀行の定期預金の利息は約0・03パーセントですから、銀行に預けたまま元金が2倍になる日を待つと、72÷0・03＝2400。今から2400年後ということになります。

「貯める」だけでも「低利回りでの運用」だけでも、経済的自由を手に入れることはできません。効率よく「増やす」ことが大切です。

自己投資による人間の成長を複利で計算すると、仮に毎日0・1パーセントの**成長**をしていけば、72÷0・1パーセント（毎日0・1パーセントの成長なので年利ではなく日利）＝720となり、720日後には2倍の自分が存在していることがわかります。

つまり、ほぼ2年後には今と比べて2倍の自分に成長しているわけです。

数字を変えて毎日0・2パーセントの成長をしていけば、72÷0・2＝360ですから、約1年後には今の2倍に成長した自分が存在していることになります。

逆の計算もできます。仮に毎日0・1パーセントずつ**衰退**していくとしたら、つまり今日の力が明日には99・1パーセントになり、明後日は明日の力に対して99・9パーセントになっていくとしたら、１年後には、今と比べて69・４７６パーセントレベルの自分が存在しています。

つまり現在の自分と比べると１年後は約７割程度に落ち込んでいるということです。

１００の力が３割減です。

人は成長することができる動物ですが、一方で衰退していく動物です。

その違いはどこからくるのかといえば、ひとえに努力・行動の有無もしくは差です。

能力は使わないと錆びていき、最悪の場合消滅します。だからこそ、日々鍛錬することが大事です。

たった０・１パーセントですが、大きな０・１パーセントです。

72の法則と2倍作戦

たとえば、

３１４万円を２倍にすると６２８万円です。

６２８万円を２倍にすると１２５６万円です。

1256万円を2倍にすると2512万円です。

2512万円を2倍にすると5024万円です。

5024万円を2倍にすると1億48万円です。

つまり、この2倍作戦を5回繰り返すと314万円の元金は31倍以上の1億円になるということです。


元金を2倍にするためには、72の法則を使って複利運用での利回りを元に必要な期間を割り出せばいいわけですから、いま運用可能な利回りが仮に年利9パーセントだと仮定したときは72÷9＝8年です。

つまり、8年×5回＝40年ですから、314万円のお金を年利9パーセントの複利運用で増やしていけば、何もしないで放ったらかしにしておいても40年後には1億円以上になっているということです。

25歳でスタートすれば、これだけで65歳までに1億円が貯まります。

その間、さらに貯金を増やして順次投資に組み込んでいけば、40年もかからずにもっと早く1億円を突破しますね。

第5章

使う（支出）
——使っていいのは「増やした分」だけ

使っていいお金と使ってはいけないお金

投資をして増やしたお金のうち「その増えた分だけを使う」ところまでが、将来のお金の不安を解消するために目指すべき仕組み作りです。

「使う」のは、あくまでも「増やした分だけ」というルールを守ることが大切です。

増やすために投資した元金には、決して手を付けてはいけません。

投資した元金はそのままにして、また次の「増やす」に使います。

「毎月増えたお金があり、それを翌月の生活費に使う」というサイクルをずっと繰り返していく流れができれば、将来的なお金の不安を解消する仕組みのできあがりです。

問題は、「増やしたお金が生活費に充当させられるほどの金額なのか」という点です。

たしかに、元金が少なければそこから生まれる派生利益も少なくなります。したがって、投資する元金を多くすることが必要となります。

元金を多くするには、とにかくお金をたくさん貯めることが必要です。お金をたくさん貯めるためには、その分余計に稼がなくてはいけません。余計に稼ぐには、ただ就労収入だけに頼っていては足りません。すべて道理であり原理原則ですが、普通にしていたら時間がかかりすぎます。

そこで、これらの道のりをショートカットして時間を短縮する方法として「**借りる**」というステップの出番になりますが、これについては第6章で詳しく説明します。


お金は本来的に「使う」ために存在しています。

使わないのであれば物々交換でいいわけです。物々交換が面倒なので、お金という媒体が存在していて、私たちは便利な生活ができるわけです。

お金はいきなり空中から現れることはなく、何らかの方法によって外部から集めて寄せてこない限り自分のモノとはなりません。

方法はどうであれ、原則的には手元にあるお金を超えた金額を使うことはできませんから、**支出は収入の範囲内に抑えることがとても重要なことです。**

「貧乏」の「貧」という漢字は「貝を分ける（分けた貝）」と書きます。

「貝」とは昔でいう「お金」です。

つまり、お金を分ける（＝使いすぎる）と「貧」になるということです。

使う以上にお金が入ってくればいいのですが、そのバランスが崩れた状態が続いて、ただ使ってばかりいると「貧」になります。

お金の使い道には、大きく「消費」「浪費」「投資」「寄付」「納税」があります。

消費とは、必要と思われるものにお金を使うことで、普通の生活費などです。

浪費とは、ムダ使いです。必要もないのにお金を使うことです。

贅沢とムダ使いは違います。贅沢なお金の使い方には、他人を喜ばせる付加価値がありますが、ムダ使いには付加価値は何もなく、ただお金を支出して終わりとなるものです。

ムダ使いには、自分も含めて誰も喜ぶ人がいないのです。

消費と浪費の関係では、どこまでが消費でどこからが浪費となるかは、お金を使う本人にしか決めきれないものですが、基本的には必要でないものにお金を使うことが浪費です。

また、お金を使うとき人は時間も使いますから、時間の使い方も重要です。

古代ローマの哲学者セネカがこう言っています。

「人は短い時間を持っているのではない。十分に長い時間を持っているのだ。

ただ、それを浪費しているだけだ。

人が持っている時間を有効に使うなら、人はもっと偉大なことを成すであろう」。

時間は有限です。時間には形がなく、目に見えません。形あるモノを失うと、人は大損をしたように思いますが、形ないモノを失っても人は失ったことすら気づかないし、したがってそんなに損をしたという気分にはなりません。

それだけに、余計に時間という形のないモノを失うことは大きな損失だと知っておくことも大切です。

02 お金の使い方の極意

お金を使う（消費）とはすなわち「モノ・サービスを買う」ことを意味しています。

大事なのは、人はどういうときにモノ・サービスを買うのか、という人の購買心理を知っておくことです。

一般的には人は「必要だから」買うといわれています。

一理ありますが、それだけではありません。

人は「欲しいから」買うのです。

人間は感情で動く動物です。「必要」というのは論理ですが、「欲しい」というのは感情です。

バーゲンセールなどでは商品が通常よりも値段が安くなっているので、さしあたり今すぐ必要はないけども「欲しい！」と思って人は買います。

車に普段乗らなくても、持っていること自体がステータス性を感じられるので、たいして必要ではないけども「欲しくなって」買うのです。

人がモノを買うのは商品そのものが欲しいのではなくて、その商品を持つことによって得られる効果を求めているからです。

つまり、商品自体が本当に欲しいわけではない、ということです。

その「効果」にも「苦痛を避ける効果」と「喜びを得る効果」の二通りあります。

たとえば、頭痛がするときに鎮痛薬を買うのは痛みをやわらげるためですし、家を買うのは、家そのものが欲しいのではなくて家を買うことで得られる安らぎや、家族とのあたたかい団らんやゆっくり眠れる安心感などを求めているわけです。

お金の使い方の極意は、こうした人の購買心理を熟知したうえで、逆の行動を意図的に取ることにあります。

つまり、「欲しいから買う」ことをやめて「必要だから買う」に限定することです。

それには、自分の感情をコントロールすることが必要です。

感情を自分でコントロールするには、他人が自分の感情に入り込んでこないように気をつけることが大切です。他人が自分の感情に入り込んでこようとする誘惑には、必ず「営業」という行為が潜んでいます。

お金を使う側からすれば自分は消費者（顧客）ですが、反対の側には常に「営業」と呼ばれる存在が位置しているわけです。

したがって、いわゆる「営業」というものがどういうものなのかを、消費者（顧客）の立場で知っておくこともたいへん重要なことだと言えます。

03 営業について知っておこう

営業とは「お客様にお金を支払ってもらうための販売誘導術」です。

同じ商品を扱っていても、営業マンの営業成績に優劣がつくのは、その「販売誘導術」に差があるからです。

ここで言う営業マンとは何も人間に限らず、テレビの通販番組だったり、広告のキャッチコピーだったりしますから要注意です。

デキる営業マンとできない営業マンにはいくつも違いがありますが、その中の一つに心の姿勢のズレがあります。

たとえば、デキる営業マンは「買ってもらう」姿勢で臨みますが、デキない営業マンは「売る」姿勢で臨む傾向があります。

そもそも「売る」という行為自体は、営業マンの行為として正しいですが、善くも悪しくもそこに落とし穴があります。

商品・サービスを「営業マンが売る」と視点を当てるのか、それとも「お客様が買う」と視点を当てるのか、というとらえ方の違いになります。

そうしたときに、「売ろう！売ろう！」とする営業マンは、自分の立場で考えるがゆえに商品の特徴、品質、便利さ、使い方などを一生懸命に説明しようとします。

もしかすると「商品がよければ売れる」と思い込んでいるのかもしれません。

よい商品が売れるのではなく、売れる商品がよい商品なのであって、その「よい・よくない」という判断基準を持っているのは売る側ではなく、買う側のお客様にあります。

すべての商品・サービスは前提として「お客様の求める需要に応えていること」が必要です。その前提が欠けていると、どんなに「お客様のために」と言っても営業マンの説明は単なる「説得」になってしまいます。

人は、誰でも説得されるのは嫌なものです。

そうなると営業マンはお客様に嫌がられ、デキない営業マンになってしまいます。

これに対して、お客様に「買ってもらおう」とするデキる営業マンは、「お客様の立場で」考えています。お客様のニーズ、欲求、悩みなどを聞き出し、その解決策として自社の商品がいかに有効であるかを伝えます。

お客様のために「売る」のではなく、お客様の立場で「買ってもらう」ことを考え、商品自体を手に入れるのではなく、それを使うことで得られる効果を手に入れてもらおうとするのがデキる営業マンです。

つまり「相手のために」ではなく「相手の立場になって」考えたり、行動する姿勢が大事だということです。

相手のため＝人のため……人の為と書いて「偽」です。

偽はいつわり、ニセモノです。

「お客様のために売る」というのは、本当は自分の成績のために売ろうとしているのと同じことでニセモノなのです。

ホンモノはお客様の本当に役に立ち、不満や不安や不便などのさまざまな悩みを解決に導いていきます。

上司部下関係でも、上司が「俺はお前のために言ってやってるんだぞ！」と押しつけがましい説教をして自分を正当化しようとする人がいますが、マネジメント術としてはレベルが低い技法です。

自分の価値観の押しつけではなくて、部下の立場になって考えることが重要です。

デキない営業マンに押し売りされる必要はまったくありませんが、デキる営業マンに心をくすぐられて、つい必要ではなかったものを欲しくなって買ってしまわないようにすることが、お金を使うときに知っておかなければいけない大事なことです。

お金を使わないためにはどうするか？

「初め（稼ぐ）良ければすべてよしであり、終わり（使う）良ければすべてよし」です。

お金の使い方も大事ですが、逆説的に「お金をいかにして使わないか」と発想することも大切な考え方です。

サラリーマンがお金を使わないようにするにはコツがあって、たとえば仕事を忙しくしてお金を使うヒマをつくらないことが最も有効な手段です。

ただし、ただ忙しいだけだとお金も貯まりますがストレスも溜まります。そして、イザ時間ができたときにはそれまでのストレス発散で、大きな買い物をして多額のお金を消費・浪費してしまいますから、仕事でストレスが溜まらないようにすることも大切です。

そのためには仕事を楽しんで行うことが大事です。

仕事を楽しむためのコツは、その仕事を「やらなければいけない」という義務感からやろうとするのではなくて、**「やりたい」という衝動感**からやろうとすることです。

「やりたい！」と思えば、人は多少の苦労や困難はいとわないものです。

やりたいことの裏側にあるのは**「やりがいを感じられること」**です。

そして、やりがいを感じられるのは**「誰かに期待されているとき」**です。

その「誰か」というのが、自分にとって大切な人であればあるほど、やりがいを強く感じます。

つまり、やりがいが見つかると、やりたいことも明確になるといえます。

自分が「好きだ」と思うことや楽しいと思うことが、やりたいことにつながっていくのではありません。その好きなことをやることで誰かが喜んでくれたり、期待してくれる場合にのみ「やりがい」が感じられ、やりがいが感じられることで「続けてやっていきたい」となり、やがて本当に「やりたいことになる」のです。

この流れを理解しておくことは、サラリーマンには大切なことです。

会社の中で仕事がおもしろくないとか、嫌だと思ったら、意識の転換を図るために再度この「やりがい」について考え直してみてください。

必要なのは、次の二つです。

①自分に期待してくれる誰か（＝人・団体）などの対象者
②その期待に応えられるだけの自分に能力・スキルがあること
これらがそろうと早く「やりたいこと」が見つかります。

自分で意識して「やりたいこと」を見つけないと、やりたいことはいつまで経っても見つからないままです。

そういう意味で、よく言われる「自分探しの旅」なんていうのは、自分を探すのではなく、「自分を必要としてくれる対象者探しの旅」と置き換えた方がスッキリします。

人は、他人に必要とされたり、期待されたりすると本当にすごい力を発揮できます。

それが自分の中にある「本気になるスイッチ」を押してくれるからです。


「事業は自分のためより、人の利益になることで出発せよ」とジョン・ロックフェラー（アメリカの大富豪、慈善家）が言いました。

人の利益になることを行うことでやりがいを感じ、そこから自分のやりたいことに変えて仕事に打ち込むと、お金は使わなくて済むようになっていきます。

そして、それに付随して人間としての器も大きくなっていきます。

常に**謙虚**で、**素直**で、**正直**で、**誠実**で、**まじめ**に、**勤勉**に行動すれば、必ず**仕事**は楽しくなり、結果として**評価**も上がって会社内での昇進機会も増えていきます。

謙虚の定義は、己の力量を知ることです。
素直の定義は、他人の意見を受けとめることです。
正直の定義は、ウソをつかないことです。
誠実の定義は、言ったことが成るように行動する態度です。
まじめの定義は、不正をしないことです。
勤勉の定義は、人が見ていないところでも手を抜かないことです。
仕事の定義は、会社の求める需要に応えることです。
評価の定義は、他人からの必要度合いです。

05 クレジットカードの正しい使い方

クレジットカードは、頭のいい人が考え出した媒体でお金の使い方の進化したものです。
本質は「手元にいまお金がないけど別のところにお金があるので、このカードを使うことで私を信じてその商品を買わせてください」というお願いです。

そして、**側面的なメリットは「ポイントが貯まる」**ということです。

そのお願いにお店側が「いいですよ」と認めてくれれば、晴れてクレジットカードを使うことができるわけです。

重要なのは、「いまお金を持っていないけど別のところにお金がある」という点です。

つまり、もしも別の場所（銀行など）にその商品を買うだけのお金がないとしたら、クレジットカードを使ってモノを買ってはいけない、ということです。

クレジットカード払いは、時間差を利用して支払いをすることです。

「後払いができる」という概念は人の感情を高揚させ、財布のひもを緩めてしまう効果があります。

「後払い」という言葉の誘惑にはまってしまう人は、「いまが良ければいい」「いまさえ何とかなればそれで構わない」といった刹那(せつな)的発想をしてしまう人です。

視野が狭い人、短期でしか物事を判断できない人は、人生で損をします。

なぜなら、人生も複利計算で成り立っていて、過去があるからそれに上乗せして現在があり、現在に上乗せして未来へと続いていくからです。

「いま」という現時点の発想で止まらないで、未来を視野に入れた長期目線を持つことがビジネスマンになるコツの一つでもあります。

クレジットカードの正しい使い方は、カードを使って何かを買ったら必ずその金額に相当する分のお金を来るべき口座振替の日まで傍ら(かたわ)に取り分けて保管しておくことです。

これができない人は、クレジットカード払いの返済に四苦八苦して地獄を見ます。

また、そういう人を狙ってかどうか知りませんが、どこのクレジット会社でもリボ払いやキャッシングのキャンペーンなどを行って消費者を誘導しようとします。

なぜか?

簡単です。一括払いよりもそのほうが、クレジット会社が儲かるからです。

仮に、通常の一括払いだとポイントが0・5パーセントつくところを、リボ払いに変更するとポイントが2倍の1・0パーセントになるというのが謳い文句です。

しかし、リボ払い＝分割払いで年利15〜18パーセントくらいの金利がかかるわけですから、よく考えればまったくもって割高な話で意味がないことに気付けます。

ポイントが2倍なんていうのは本来どうでもいいことなのです。

「15パーセントの金利を0・5パーセント分負けといてあげるよ」と言われて、せっかく金利0パーセントで支払いを終えられるものをわざわざ金利を払って支払うようなものです。

サラリーマンが将来のお金の不安を解消して経済的自由を得るためには、身の丈を超えるような不要なもの（高額なもの）を購入すること自体が間違いです。

収入の範囲内に支出を抑えるべきで、クレジットカード払いは一括払いに限ります。それができないのなら買ってはいけないのです。

クレジットカードなど一般的なカードローンで、年利18パーセントでお金を借りた場合、72の法則を使って計算すると、72÷18＝4年ですから借金をまったく返さなかったときには複利の作用で借金はわずか4年で2倍に膨らみます。

複利は自分が運用するときには強い味方ですが、消費で借用するときにはたいへん危険な相手になることを忘れてはいけないのです。

クレジットカードは「打ち出の小槌（こづち）」だと言われますが、それは別にお金を生み出してくれるという意味ではありません。

ポイントを生み出してくれるから「打ち出の小槌」なのです。

ポイントは上手に使うとおトクですが、結局使わないまま有効期限が切れたりすることもありますし、ポイントサービスの変更や終了を決める権利は運営先にあります。

ポイント還元をしないでただ貯めているだけではナンセンスです。

ポイント還元をしない限り、何の得にもなりません。

ポイントは貯めつつも、早めに使ってしまう……もっと言えば、その都度ポイントを優先して使うくらいで丁度よいくらいです。

コラム9

クオカードの裏ワザ

クオカードという前払い式のプリペイドカードがあります。

クオカードのうち、1万円券には180円分のプレミアムがついているので、実質1万180円使えます。

1・8パーセントおトクです。

コンビニエンスストアのファミリーマートで、これをファミマTカードのクレジット払いで買うと、Tポイントが0・5パーセント（＝50円分）つきます。

クオカードをクレジットカード払いで買うわけです。

さらには、ファミリーマートでお弁当などのショッピングポイント対象商品をクオカードを使って買い物をすれば、そのときファミマTカードを提示して0・5パーセントのTポイントを貯めることができます。

合計すると、2・8パーセント分のお得感があります。

ファミリーマートで買い物をすることが多い人は、使える手だと思います。

06

お金が活きる使い方

こんな寓話があります。

あるところに、全財産の金銭を人里離れた山に埋めた男がいました。

男は、毎日そのお金が盗まれていないだろうかと不安でなりません。

あまりに不安なので、男は毎日山へ行き、埋めたところを掘り返し、お金が無事なことを確認するのが日課になりました。

そんなある日、男の行動に不審を抱いた近所の悪党がそっとあとをつけて行き、男の秘密を知ってしまったのです。

次の日、男はいつものように山へ行ったところ、愕然(がくぜん)としました。

お金はすべて盗まれており、空っぽになった穴があるだけでした。

男は、半狂乱となり「もう、生きる希望もない」と、いつまでも悲嘆に暮れました。

そんな男に、ある人が言いました。

「そんなに悲しむことはもうやめたらどうだ。どうせおまえは、お金を持っていても眺めるだけで使わなかったのだから、お金を持っていなかったのと同じではないか。

使わないで見て満足しているだけなら、別にモノがお金でなくても何でもいいではないか。

石でも埋めて、それをお金だと思って毎日掘り返して見ていたらどうか?」と。


お金は、使うためにあります。

よほどのコレクターでない限り、お金を額縁に入れて飾っておく人はいないでしょうし、タンスにずっとしまっておいても何の意味もありません。

お金を使わないでそっと眺めるだけの生活でも別にいいのですが、どうせ使わないお金なら石や葉っぱと同じです。

お金を「何に使うか」にこそ、その人なりの真価・本質が現れてくるものです。

お金を使うときにはそのお金が活きる使い方を考えることも大切です。

お金の使い方で消費・浪費・投資の他にあるのが**「寄付」**です。

稼いだお金を、自分のためだけに保有するのではなく、他人様に献上すること、すなわち自分のお金を誰かと分かち合うという考え方が「寄付」です。

寄付あるいは義捐金と呼ばれるお金の使い方には2種類の考え方があります。

一つは、自分がこれまでの過去に貯めてきた貯蓄の中からその寄付金を出すという考え方です。

これは、どちらかというと一過性の寄付行為になりやすいです。

もう一つは、これから未来に稼いでいく中から寄付金を出していくという考え方です。

これは、一過性にはなりにくく、継続的に寄付行為を行いやすくなります。

二つの寄付の考え方のどちらも立派ですが、今後の自分の稼いだお金の中から寄付をし続けるという考え方のほうが一層素晴らしい寄付行為だと私は思っています。

なぜなら、そのほうが今後も手を取り合って同じ未来へ生きていこうという心の姿勢がうかがえるからです。

２０１１年3月11日の東日本大震災後に、多くの著名人や企業などが、義捐金という形で寄付金を出しましたが、中でもソフトバンクの孫正義さんや、プロゴルファーの石川遼選手などは、今後の自分の稼ぎからも引き続き寄付をするという宣言をされていました。

お金の活きた使い方として、他人に自分のお金の一部を差し出す＝寄付するという考え方を持つことは重要です。

「ギブ＆テイク」ではなく「ギブ＆ギブン」の心を持とう

お金を使うことは、少し見方を変えれば自分の持っているお金を相手に与えることです。いわゆる「ギブ」です。

一般的にはお金を「ギブする」ことで代わりに何かを得る（＝テイク）することがビジネスですが、そこで「テイクする」という発想ではなくて**「得させていただく（＝ギブン）」**という発想を持つことも大切です。

テイクはもともと見返りを前提とした発想が根底にあり、テイク＝奪うような印象が強くあります。

対して、ギブンは直訳すると「与えられる」ですから、奪うような印象はありません。

ギブ＆テイクではなくギブ＆ギブンの考え方をもつと、怒りや愚痴が出なくなります。仮にギブンがなくても、なければそれでもかまわないと思えるようになることで無用な争い事もなくなります。

ヨーロッパには**死海**という名の海があります。

死海は英語でも"The Dead Sea"と言うようにまさに「死の海」です。

なぜか？

塩分含有率が20～30パーセントと高いため、生物がほとんど生存できないからといわれており、泳ぎが苦手な人でも沈まないで浮かんでいることができます。

死海の水源は、パレスチナ地方に位置するヨルダン川から流入しており、ヨルダン川の水は死海とフレー湖とガリラヤ湖に流れこんでいます。

面白いのは、同じヨルダン川から流れこんでいるのに、死海だけが死の海と化していて、ほかの湖はオアシスのようににぎわっていることです。

どこに違いがあるのかといえば、フレー湖もガリラヤ湖もヨルダン川からの水を受け入れる前に自ら水をヨルダン川などに流水しているからだといわれています。

つまり、水を流出（＝ギブ）しているのです。

一方、死海はヨルダン川から受け入れるだけ（＝テイク）で、どこにも流出していません。

放出していないので、単に水が入ってくるだけでやがて水が蒸発して濃い塩分になっていくようです。

水を還流させることなく、自分のところでせき止めていることが、死海の死海たるゆえんだと言えます。

テイクだけではいけません。ギブの精神が大切です。

ギブするとギブされます（＝ギブン）。

ギブ＆テイクではなくて、**ギブ＆ギブンの発想が大切です。**

川の水などは常に流れていることが大切で、同じ場所にずっと留まっているとやがて濁ります。

水は人の命を司る大切なものです。しかし、だからといって「水」を容器に入れて閉じ込めておくと、水はやがて腐ります。プールを作って溜めておいても、ボウフラが湧いたり、ゴミが入ったりして、飲めるような水ではなくなります。

お金も同様です。

お金もテイクだけでギブをしないといずれ腐ります。

流れることのない水がやがて腐ったり蒸発してしまうように、使うことのないお金もまた腐ったり蒸発してしまうので、適度に放出することが大切です。

「お金は天下のまわりモノ」と称されるように、世の中に循環させてあげることがお金を腐らせず、かつ新たなお金を呼び寄せるコツです。

お金を使えることに感謝しよう

何かモノを買ったら、それを大切に扱う人とそうでない人がいます。

モノを「大切に扱う」ということは、それが「ボロボロになるまで使う」という意味ではなくて、**「ボロボロにならないように使う」**という意味です。

それが「大切にする」ということの本質です。

会社組織でも、社員を大切に扱うリーダーとそうでないリーダーがいます。

「社員をボロボロになるまで扱う」のではなくて、「社員をボロボロにならないように扱う」のがよいリーダーです。

大切に扱われると使われている側も嬉しいものです。そのように扱ってくれる人のもとへは、不思議とどんどんモノや人が集まってきます。そうすると、それだけ経済的に余裕度が高くなっていきます。

モノでも人でも大切に扱う人のもとには、結果としてなぜかお金が集まってくるような、そんな目に見えない不思議な力が働いているのです。

こんな話があります。

昔、あるところに仲の悪い二つの国があった。

その頃の最大の兵器は馬だった。

A国では馬をたくさん用意しておくために、死んだ馬までも民間から高く買い上げることにした。

すると、生きた馬ならもっと高く買い取ってくれるのだし、万が一死んだとしても買い取ってくれるから安心だ、と国民は積極的に馬の飼育をするようになった。

B国では、政府の権力をもって民間からビシビシと馬を徴発した。

徴発なので馬の値段は二束三文であり、国民の中ではどうせ馬を飼育しても安い値段で買いとられてしまうから割に合わないと、馬を飼育する者が減っていき、馬を野に放つ者まで現れるようになった。

やがて、両国に戦争が起きたとき、A国からはマルマルと肥えた馬にまたがる兵士が押しかけてきた。

対するB国では兵隊の乗るべき馬がほとんどなく、あっても痩せ細った馬ばかりだった。

とうとうB国はA国に滅ぼされてしまった。

会社でも、社員が万が一病気やケガをして働けなくなっても、生活できるくらいのお金を会社が保証してくれるという環境が整っていると、社員は安心して働けます。

逆に、普段から経営者が社員を冷遇していて、万が一というときはスッパリ社員をクビにするというようなマネジメントをとっていると、社員が安心して思いっきり全力で働くことはむずかしくなります。

大切にするということは感謝することです。

感謝とは、感じたことを言葉で射ることです（感＋言＋射＝感謝）。

すなわち「ありがとう」の一言を伝えることです。

感謝しているとき、同時に怒ることはできません。感謝していると否定的にはなれないものです。

人の感情の多くは何かに対する受け身ではじまり、時間とともに変わったり忘れたりするものですが、感謝は自覚することで能動的にはじめられ、決意すれば持続できます。

「ありがとう」は「ありがたい」であり、「有り難い」です。

難しいことが有る＝つまり「難が有る」ことが「ありがたい」ことです。

「ありがたい」の反対は「難が無い」こと、つまり「無難」です。

無難な人生を歩む人は一見良さそうに見えますが、そこにあるのは現状維持の人生です。現状維持は、後退・衰退を意味します。無難な人生を選ぶのではなく、有り難い人生を選択して、常に挑戦と成長を心がけていくことが重要です。

たとえば、投資のためにお金を借りることも一つの挑戦であり、有り難い人生といえます。

コラム 10

誕生日に感謝する

人は誰でも、「自分の誕生日」を持っています。見方を変えれば自分の誕生日はこう表現できます。

母が、「母親になった日＝母親誕生の日」、父が、「父親になった日＝父親誕生の日」です。

自分の誕生だけでなく、お母さんやお父さんが晴れて母親、父親になった日ですから、とてもめでたい日なのです。

誕生日をお祝いするのは、自分が一つ歳を重ねたことと、お母さんお父さんに感謝する意味合いがあります。自分の生誕によって家族が一人増えた日ですし、上の子がいれば晴れて「お兄ちゃん、お姉ちゃん」になった日でもあります。

会社も同じで、会社の創立日は「会社が設立された日」ととらえることもできますが、**「世の中に○○を提供することが可能になった日」**とも言えます。（○○は自社の事業内容です）

リーダー（管理職）の誕生もいろいろな言い方ができます。

「○○氏がリーダーになった日」とも言えますし、「組織に○○の旋風を巻き起こすことが可能になった記念すべき日」などと表現することができます。

自分が生きたことでたった一人でも人生が幸せになった人がいれば、それだけでも「価値ある人」と呼ばれるのにふさわしいと言えそうですね。

借りる（集める）

——低金利で長期間借りるのがベスト

銀行がお金を貸してくれるわけ

銀行預金とよくいいますが、あれは言葉の洗脳マジックです。

人は、預金という名の呼び方で銀行にお金を貸しているのです。

お金を貸すとビジネスの世界では金利をもらえます。

確かに預金者は利息という名の金利を銀行からもらっていますが、その利率たるや昨今では0・02パーセント程度です。

銀行は、人々から広くお金を預金してもらうことでお金を集め、その集めたお金を別の人や会社に貸出をして、その差額を得ることをビジネスとしています。

極端に言えば、銀行はお金を貸出しないで集めたお金を銀行の中に保管しておいても何の商売にもなりませんから、銀行の各支店内にはあまりお金は置いてないといえます。

いきなり銀行に行って億単位のお金を引き出そうとしても、そんな多額のお金はそもそも支店内には存在していないわけです。

「貯める」→「増やす」の段階で、自力だけで貯めようとしても年数がかかりますから、時間を短縮して早く「増やす」にお金を回すためには「借りる」というステップが必要となります。

お金を「借りる」のは消費に使うのではなく、全額「投資」に使うためです。

これをまず認識しておくことが大事です。

銀行からお金を借りることは、いくつかの条件をクリアしていれば円滑に借りられますが、条件を満たしていないと銀行内の審査が通らずお金を借りることはむずかしくなります。

ポイントは「返済蓋然性が社内の融資基準を超えているかどうか」であり、わかりやすく言うとその人に返済能力があるかどうかです。

銀行員も株式会社のサラリーマンであり、多くの銀行は株式を上場していますから、株主責任ということもあって、自分たちに非が残らないように、業務においてはかなり慎重で杓子定規なところがあります。

ひと言でいえば、銀行からお金を借りるためには信用が必要で、この場合の信用は担保があることで賄うことができます。

人の昔と書いて「借りる」です。

人が何かを借りることができるのは、第一にその人の昔が信用のもとになっています。その人の昔を信用するからこそ、未来も信用して貸してくれるわけです。

サラリーマンが比較的銀行からお金を借りやすいのも、その人の昔を信用しているわけで、ここで言う昔とはいま勤務している会社での**在籍年数**実績です。

したがって、入社したばかりの人は銀行からお金を借りることはむずかしいですが、入社して何年か経てば在籍しているだけで信用が生まれ、お金を借りやすくなります。

ただし、青天井にいくらでもお金を貸してくれるわけではありません。

銀行が一番恐れるのは、お金を貸した後に返済が滞ることですから、融資の際には論理的に返済し続けられるだけの根拠を求め、多くの場合それは**「年収」**です。

たとえば、「株や宝くじを買いたいから」といって融資を申し込んでも銀行は貸してくれません。

返済根拠に乏しいのと、動産を対象としては銀行側のリスクが大きいからです。

動産とは、自由に移動させることができるものです。

不動産は移動させることができないから「不動産」であり、自由に動かせないから銀行も安心して担保として認めてくれるわけです。

銀行がお金を貸してくれるのは、担保が取れる不動産くらいなのです。

少額の融通であれば、カードローンなどいくつかのお金を借りる手段はありますが、投資における費用対効果が出ないため、メリットはありません。

サラリーマンであることの特性を活かして「お金を銀行から借りる」という切り札を使わない手はありません。ぜひ活用すべきです。

レバレッジをきかせる／良い借金と悪い借金とは？

大富豪ロックフェラーの言葉にこんなのがあります。

「（青年時代を回想して）私は最新流行の服を買うことはできなかった。自分で支払える程度の安物の服しか買えなかったが、それでも支払えないような服をムリに買うよりはずっとマシだと思ったものだ」と。


支払えないような金額のモノを買うには、借金が必要です。

ロックフェラーの言葉のとおりで、自分の収入範囲、貯蓄範囲を超えて支出をするようなことは絶対に慎むべきです。

せっかく将来のお金の不安を解消するために行動しているのに、自ら家計破綻の道を選択してしまったらナンセンスです。

借金をすべて慎むべきなのではなくて、消費に使う借金を慎むことが重要です。

消費・浪費・投機のためにお金を借りるのは「悪い借金」です。

「良い借金」というのは、投資のためにお金を借りることです。

投資のための借金とそれ以外の借金の違いは、**「レバレッジ効果」**にあります。

レバレッジとは「てこの原理」と訳されますが、その名のとおり軽い錘(おもり)であっても、てこを使えば重い荷物を動かせるということです。

つまり、レバレッジを使えば少ない自己資金で大きな資金を動かしてモノを買うことができてしまうという方法です。

不動産投資においては、借入金を活用して実際の自己資金以上の投資効果を引き出すことができます。


一つの例です。

たとえば、1億円のマンションを購入して、そこから得られる家賃収入からローンの返済・その他諸費用の支払等を差し引いて、最終的に年間あたりで手元に残るキャッシュフローが1000万円あるとします。

これを現金一括で購入すると、自己資金(この場合1億円)の投資に対する投資利回りは、1000万円÷1億円=10パーセントとなります。

一方、同じ物件を1000万円の自己資金と銀行借入9000万円で購入して、そのときのローン金利を仮に3パーセントとして、最終的に手元に残るキャッシュフローが年間で500万円だとします。

このときの自己資金に対する投資利回りは、500万円÷1000万円＝50パーセントとなります。

全額自己資金を使った場合に比べて、投資利回りは5倍にもなります。

この「自己資金に対する投資利回りが50パーセント」という数字が何を意味しているかというと、自分が投下したお金は2年で回収できるということです。

つまり、2年で元が取れてしまうわけですから、それ以降はすべて純粋な儲け（利益）といえます。

これこそが、レバレッジ効果の威力です。

今の例で、すべてを自己資金で賄おうとすると、それはつまり現金1億円を貯めることが必要となり、それには何年かかるか見当もつきません。

それがちょっとの知恵と勇気を出してレバレッジという技を使えば、自分がいま持っている資金以上の投資ができて、目標までの道のりを大幅に短縮できるわけです。

レバレッジは、宇宙空間をワープ航行するようなスピードと威力を備えています。

こうした場合、ローンの借入期間を長くすればするほど、毎年の実質手取り金額は多くなります。

そういう意味において、**ローン期間は長く設定するほうが得策です。**

なぜなら、長く設定したものを後から短くしたり繰り上げ返済をすることは可能ですが、後から期間を延ばしたり追加借入はまずできないからです。

ローン期間を長めに設定して、毎月のキャッシュフローを増やし、それを貯めてまた次の投資に回すという手法も有効です。

不動産投資におけるローン金利の支払いは、結局賃借人に払ってもらうのと同じですから、あえて返済期間を長くして自身の手取り金額を多くするのがセオリーです。

「億円」のカベ

投資のためにお金を借りるには、ちょっとした勇気が必要です。

なぜなら、人は普段自分が手にしたり携わったりしていない金額のお金を「借りる」ことが怖いからです。

一般の人だと、せいぜい住宅ローンを組むことで「千万円単位」に関係した経験があるくらいです。

たいていの人にとっては「億円単位」のところにカベがあり、そのドアを開いた経験がある人は少ないものです。

悪い借金でこの「億円」のドアを開けると、かなり強い精神的ストレスが生じますが、よい借金であれば怖がる必要はありません。

過去に多くの先人がその道を切り開いてくれていて、何も恐れることがないことを証明してくれています。

論理的に筋道が通っている投資なら、後はほんのちょっとの勇気と決断だけです。

自分の給料で測ると、「億円」のドアは一生開きません。

サラリーマンが自分の属性を活かして、将来的なお金の不安を解消するために経済的自由を手に入れるためには、どこかで必ず開けなければいけないドアですから、チャンスをつかんで少しでも早く一歩を踏み出すことが大切です。

論語に「**四十にして惑わず（四十而不惑）**」という言葉があります。

そこから、40歳＝不惑という読み替えをするようになりました。

意味は、「40歳になったら、もう自分の生き方や行動について迷わないようにすることが大切だ」ということです。

ところが、孔子の時代に「惑」という文字は存在しておらず、「惑」ではなく正しくは「或」という漢字だったという説があります。

「或」という字は、ホコをもって何かを区切るさまを示している文字です。土ヘンをつけると「域」で地域などに用いられますし、国がまえに入れると「國」で、今で言う国です。

「惑」＝「まどう」というのも心を区切るからこそ生じてしまうわけです。

訓読みをすれば「あるいは」と読みますので、それまでの文章とそこからの文章を区切る役割の接続詞となります。

「或」が「区切る・区画する」という意味だとすれば、「四十而不或」というのは、**「四十にしてくぎらず」**と読めます。

意味は**「40歳にもなったら、何かに区切られた範囲で自分はこんな人間だと決めつけたりしがみついたりして生きるのではなく、新しい広域の世界に飛び出していくことが大切なことだ」**と解釈できます。

昔の人の寿命は短かったですから、40歳ではもう人生の玄冬（げんとう）時代に近づいている時期だったはずです。

たいていの人は、それまでのことにしがみついたりこだわったりして、今までと同じことを維持したいという気持ちが強かったと思われますが、孔子は「そうした執着心に囚われないで、自分で自分の限界をつくらないように」と言いたかったのかもしれません。

アメリカの自動車王ヘンリー・フォードが、かつてこう言いました。

「恐怖心をもつ者は自分で自分の限界をつくっている」と。

借金は決して怖いことではありません。

自分で自分の限界をつくる必要はありません。

なぜなら、人は誰でも無限の可能性をもっているからです。

「区切らず」に、境を設けず、境を消し、境を越えていく姿勢は、ビジネスマンには必要な姿勢であり、そうした挑戦心がなければ大きな果実を手に入れることはできません。

恐怖心を捨てて、勇気をもってよい借金に一歩踏み出すことが大事です。

コラム 11

春夏秋冬に色をつけると?

日本には四季があって「春→夏→秋→冬」と分けられます。

それぞれに色をつけると次のようになり、人生にもなぞらえられます。
春……青春（「まだまだ青いなあ～」と言われるような時期です）
夏……朱夏（燃えるように恋をする真っ赤な熱い時期です）
秋……白秋（そろそろ髪の毛に白いものがちらほら混じってくる時期です）
冬……玄冬（玄は黒という意味で、もうお先真っ暗という時期です）
まだまだ皆さんは「朱夏」の時代真っ盛りですから、怖いものなんて何もないはずです。人生を謳歌しましょう！

04 住宅ローンを組むときの留意点

「会社員という立場のメリットは何か？」と聞かれるときに、私がいつも答えることの一つに「金融機関からの借入がしやすいこと」ということがあります。

会社という組織に守られていて、その安定度から金融機関の融資を得やすいのが会社員の大きなメリットの一つであり、投資目的でなくても多くのサラリーマンが住宅ローンという借入をして、自分の家を購入しています。

ひとたび会社を離れたら、その時点で融資なんて下りなくなりますから、サラリーマンである間はそのメリットを享受することも大切です。

どんなサラリーマンでも、きちんと働いていて安定した収入が見込まれるのなら、住宅ローンを組むことは可能ですが、この「可能」というのと「組むべき」という概念には大きな隔たりがあります。

いくら住宅ローンを組むことが可能だと言っても、**「限度いっぱいまで組む必要はない」**ということに気付かないと、住宅ローンの落とし穴・甘いワナに陥ってしまいます。

一般的によく「住宅ローンは年収の○倍まで組める」といわれます。

確かにそのとおりなのですが、それはあくまでもローンを組める信用の「枠」であり、「可能性」であり、「権利」であるけれども、決して「義務」ではありません。

短期融資ならともかく、長期融資で長い時間軸の中でその枠の可能性を信じ込むことは、サラリーマンにとってリスクが膨らみ、かえって危険です。

たとえば、人間は1日くらいの徹夜はできます。

24時間眠らなくても、それくらいなら何とかもちこたえられます。

20代のころなら、2日間徹夜してもへっちゃらかもしれません。

しかし、いくら「人は徹夜できる」といっても、それは一つの可能性・限界枠であって、だからといって「30年間徹夜すべきだ」ということではありません。

住宅ローンも、たとえば「年収の5倍まで住宅ローンを組むことができます」という謳い文句があっても、それはあくまでも「組むことはできる」であって、「組まなければいけない／組まないとソンだ」ということではありません。

ローンの最大枠は、あくまでも短期目線での「可能性の話」だと解釈することが賢い理解です。


仮に年収600万円としたとき、その5倍だと3000万円まで借りられることになりますが、実際問題としては年収600万円＝手取り450万円くらいです。

そもそもサラリーマンの給料が、この手取り金額のままこの先何十年も続くという保証はないのですが、そこは続くと仮定しても、各人のそれぞれの家計において毎月いくらのローン返済ができるかを現実的に考慮してローンを組むことが大事です。

つまり、各家計の**可処分所得**を元にして独自に計算することが大事です。

一度、住宅ローンを組むともう後へは引き返せません。極端な話、今購入した物件を今すぐ他者に売ろうとしても、購入した金額よりも低い金額でないと売れないハズで、とくに新築物件になるほど購入したときから売却損がスタートしているわけです。

住宅ローンにしても不動産投資のためにローンを組んだとしても、共通していえるのは**「団体信用生命保険」**に加入することが望ましいということです。

これは、借りた本人が万が一死亡するなどしたときに、生命保険からそのローンの残りの返済が一括で行われて、遺族にはローン（借金）の相続が残らないという仕組みです。

多くの人はすでに利用されていると思いますが、この制度はメリットのほうが大きいので万が一ということを考えると利用しない手はありません。

コラム 12

住宅ローンを使った不動産投資の裏ワザ

不動産投資を行うときは、基本的に住宅ローン制度は使えません。

なぜなら、住宅ローンは自分が居住することが条件だからです。

ところが、唯一住宅ローンで不動産投資を行う方法があります。

それは、自分の居住する不動産と賃貸に出す不動産を合体させて、住宅併用賃貸不動産にすることとです。

これだと、住宅ローンを使って低い金利で融資を受けることができます。

たとえば、1階2階はワンルームにして賃貸に出し、3階は広い住居にして自分が住むというやり方などです。

そうすると、仮に自分の住宅ローンの支払い金額よりも家賃収入のほうが多いとすれば、毎月の返済以上に収入があることになり、実質タダで自宅を手に入れたことになります。

とても面白い手法で、昔ながらの賃借人と大家さんが同居している感がある不動産投資術です。

住宅ローンを借りるためには、全体に占める自宅住居部分の割合など気を付けるポイントはありますが、一考の価値はある裏ワザだと思います。

ビジネスの原点にはサービス業の発想が必要

サービス業の原点は「お客様に尽くすことに始まり、お客様に尽くすことに終わる」です。

各業界・業種によって、私たちはそれぞれに名前をつけて○○業界と呼んで区分けしていますが、これは人が勝手な尺度で区分しているにすぎず、もともとはどんな事業会社であっても、原点はサービス業だったといえます。

なぜなら、すべてのビジネスにはお客様があってはじめて事業が成立するものばかりだからです。

サービス業という一つの細胞が、分裂して増えていき、やがて複数の事業形態に名前を変えて存在しているようなものです。

建設業とか、娯楽産業とか、金融業とか、小売り業とか、いろんな名前がありますが、これらは所詮誰かが勝手につけたもので、「なぜつけたか?」というと、「名前がないと不便だから」「他との差別を明確にするため」です。

人間も含めて、動物でも植物でも事業でも会社でも国家でも、すべて名前をつけるということはそういうことです。

すべての事業の出発点にはサービス業があるということは、どんな事業形態の業種であっても、サービス業の原点にある**「尽くす精神」**を忘れてはいけないということです。

サラリーマンが自分の仕事において、そうしたサービス業の精神を失わずに人と接し、業務を執り行うことができたら、目的を見失うこともありませんし、目標を完遂することも射程圏内に入ってきます。

逆に、サービス業の精神を失ったまま仕事に就いていると、ところどころで齟齬が生じたり、業務遂行に支障を来したりすることが増えますので要注意です。


家庭を持つ男性の多くは、休日には「家族サービス」と呼ぶサービスに心を配ります。奥さまとお子さんへの感謝の気持ちの表れとして、どこかへ出かけて楽しい思い出をつくったりしようとします。たとえば、遊園地に出かけて、その後レストランで食事する……という家族サービスを考えたとき、もしも当日こんなことが起きたとしたら……。

朝、家族の誰かが寝坊してしまったり、子どもがグズついて言うことを聞かなかったり、奥さんも着替えや化粧に手間取ったりして、結局予定していた出発の時間よりも遅れてしまった!

●パターン①

だから、もっと早く準備するように言ったのに！
どうしてちゃんと決めたとおりに用意できないんだ！

●パターン②

いいよ、ゆっくりで。準備できたら出発しようね。
遅れたっていいじゃないか……時間は気にしないでおこう。

出発を遅らせている奥さんや子どもに対してどういう態度をとり、どういう声をかけるかは、その人の選択の自由です。

重要なのは、どういう感情の目的がそこにあるかということです。

そもそも、家族サービスを目的としていたはずですから、家族が喜び、楽しんでくれることが目的にあったはずです。

外出すること、遊園地に行くことは手段であって目的ではありません。

目的意識がはっきりしている人は、こんなときでもブレませんから、パターン②を無意識のうちに選択します。

パターン①をとってしまう人は、結局目的を見失っています。**計画どおりに実行することに焦点を当てていて、何のためにその計画があるのかを忘れてしまっているのです。**

サラリーマンがお金の不安を解消するために経済的自由を得ることも、見方を変えれば手段であって、本当の意味の最終ゴールではありません。

最終ゴールは、あなたの幸せな状態を維持することにあります。

ぜひ、ご自身の幸せと家族の幸せを守り、維持していくことを忘れないで、たとえ計画を変更することがあっても前向きな姿勢で臨んでほしいと思います。

もしもお金が借りられなかったら？

お金を借りるまでは、借り手側は不利です。

なぜなら、お願いをする立場だからであり、主導権はお金を貸す側がもっています。

一般的なサラリーマンであれば、社歴年数と年収という基準をクリアする必要はありますが、ほぼ間違いなく金融機関から融資を受けることはできます。金融機関というのは、都市銀行を筆頭に、地方銀行、信販会社、信用金庫、信用組合などが相当します。

それでも、もしもお金が借りられないとしたら、会社内でひたすら自分の地位を高めることが先決で、**地位を高めると同時に給料を増やす**ことが必須条件です。

会社内での人事評価を高めるためには、必要とされる度合いを高めることが大切です。

そもそも、サラリーマンは入社時より四つに分類されて評価されています。

それは簡単に言うと、「四つのジンザイ」です。

ジンザイには**「人財・人材・人在・人罪」**の四とおりあり、それぞれ「努力と能力の有無」の切り口で分けることができます。

分け方はこうです。

努力している人で、かつ能力のある人＝**人財**
努力している人で、かつ能力のない人＝**人材**
努力していない人で、かつ能力のある人＝**人在**
努力していない人で、かつ能力のない人＝**人罪**

どれも読み方は「ジンザイ」ですが、漢字で表わしているとおり意味は異なります。

人財とは、会社にとって必要な社員であり、人の財（たから）です。

人材とは、今はまだ能力的に足りていないところもありますが、日々努力をしているのでやがて「人材→人財」になる期待がもてて、会社には必要な社員です。

人在とは、そこそこ能力はあるのだけども、自分の今の能力にあぐらをかいて努力を怠っている人で、「人がいる（在る）」というだけの社員です。遅かれ早かれこういう人は「人在→人罪」となります。なぜなら、自己の能力を高めようと努力しない人は周りにも追い抜かれるし、時代にも取り残されるし、既存の能力も失っていくからです。いずれ淘汰され不要社員となっていきます。

人罪とは、能力もないくせに努力もしていないというまったくもってお荷物な人です。「給料ドロボー」と呼ばれても仕方のない人で、在籍していること自体が罪だともいえるような人です。当然会社には不要な社員です。

サラリーマンは、うかうかしていると人在や人罪になりかねません。

少なくとも人材であるべきです。それには努力を怠らないことが必要ですから、日々研鑽して成長しようという意欲を持って仕事に励むことが大事です。

早く人財として認められるように、すなわちビジネスマンとして存在価値を見出せるように「脱人材」を心がけることが重要です。

選ばれる存在になることが生き残るためには大切で、そういう存在になれば金融機関からの借入が拒否されるはずはありません。

それには「**代わりを見つけるのがむずかしい人材**」になることが王道です。

つまり、余人をもって代えがたい存在になることです。

取り換えのきくタダのサラリーマンではなく、取り換えのきかないビジネスマンになることが大切で、少なくともなろうと思うことがまずは重要です。

日本が経済大国と呼ばれるまでに成長できたわけ

上場会社の多くは、自己資本の充実を図ると同時に積極的にお金を外部から借り入れます。

無借金経営を標榜（ひょうぼう）している会社は、案外と少ないものです。

なぜか？

お金を借りてでも早く事業を展開するほうが、業績を早く上げられるからです。

企業の発展の陰には、必ずお金の借入が存在しています。

第二次世界大戦後、日本が焼け野原から復活して高度経済成長を遂げることができたのも、根底には企業への資金融資があり、たくさんの企業がお金を借りてでも自ら求める事業の発展を目指してきたからです。

戦後当時の日本で、将来にここまで急激な成長を遂げて、世界でも有数の経済大国になると思っていた人は、おそらく誰もいなかっただろうと思われます。
では、なぜ戦後に急成長できたのか？
いくつも原因はあると思いますが、たとえばこんな見方ができます。
①目標となる「先進諸国」があった。
　他の国ができているなら、日本にだってできる
②ハングリー精神が旺盛だった。
　貧困を抜け出したいという行動動機があった
③みんな若くて体力があった。
　少子化でも高齢化でもなく、若年層が多かった

こうしたことは企業でも同じことが言えます。
①目指す目標が明確にある（成功モデルがある）
②強い行動動機がある（ハングリー精神）
③持続力・行動力がある（社員の年齢が若い）
そのような組織は、伸びます。
また、同様に企業を個人に置き換えて考えることができます。

個人も、①既出の成功モデルを参考に、②ハングリー精神で挑戦し、③行動を持続していけばいいのです。

また、逆のパターンは企業でもアウト！　です。

つまり、目標がない（惰性で過去を踏襲しているだけ）、行動動機が弱い（ハングリーさがない）、持続力・行動力がない（社員年齢が高い）という企業組織です。

そういう組織に属していると、自分自身もどんどん劣化していきます。

朱に交われば朱くなりますから、そうならないためにも、自身のライフプランを見直して、自分の進むべき道を確認することは大切です。

たとえば、人は知らないことや初めてのことではいろいろ試行錯誤を繰り返し、何度も失敗を重ねながら徐々にできるようになっていくわけですが、中にはいつまで経ってもその試行錯誤の迷路から抜け出すことができない人・事柄があります。

教育とは、そういうときのために用意されているものです。

教育とは、試行錯誤を短縮することです（受ける側からみれば「試行錯誤を短縮してもらうこと」です）。

日本が経済大国と呼ばれるまでに成長発展した背景には、もちろん教育制度の充実もあったといえます。

サラリーマンが将来のお金の不安を解消して経済的自由を得るためには、「お金を借りる」ことを一つのプロセスとして考え、結果に早く到達するための触媒みたいなものだと理解することが大切です。

結果オーライよりプロセスオーライ

出来事には、プロセス（過程）と結果があります。

悪質な営業マンは、「結果がすべてなのだからどんな手段を使ってでも結果さえ出せばいいんだ！」と言ったりしますが、それは間違いです。

結果がよければ途中のプロセスをないがしろにしてもよいわけがなく、プロセスを適切に経た上で、求める結果にたどり着くことのほうが大事です。

「結果さえよければいい」ではなくて**「プロセスさえ良ければ必ず結果もいいのだ」**という発想のほうが適切です。

数学で計算式が合っていれば答えも必ず正しく出るのと同じように、仕事でもプロセスが正しければ、結果も必ず正しく出るものです。

もしも結果がよくなければ、プロセスのどこかでエラーが起きているはずです。

サラリーマンは、易(やす)きに流れてつい結果さえよければいいという結果オーライにしがみつこうとしますが、ビジネスマンは結果がすべてだとは知りつつも、だからこそ余計にプロセスを重視します。

「プロセスオーライ」で考える習慣を身に付けないと、ビジネスマンにはなれません。

ガンジーの言葉にこのようなのがあります。

「重要なのは行為そのものであって結果ではない。行為が実を結ぶかどうかは、自分の力でどうなるものではなく、生きているうちに分かるとも限らない。だが、正しいと信ずることを行いなさい。結果がどう出るにせよ、何もしなければ何の結果もないのだ」

つまり、「結果オーライ」よりも「プロセスオーライ」を大切にしている考え方です。

物事には、原因があって結果がありますが、実はもう一つ「**成果**」という概念もあります。

結果と成果の違いとは何か?

結果は、最終的な出来事(果実)です。

成果は、結果が出る過程(プロセス)で得られた派生的効果(果実)です。

結果は一つで、英語で言えばresultです。

成果は一つとは限らず、英語で言えばachievementです。

たとえば、あるプロジェクトをチームで遂行したとして、最終期日に予定通りの結末になったとします。

結果は「思い通りになった事実（出来事）」一つです。

その過程を経て、もしかしたらAさんにはチームを引っ張るこんな力がついた、という成果があったかもしれないし、Bさんは、あきらめないという根性が身についた、という成果があったかもしれないし、Cさんには初めてプロジェクトを成功させたという自信がついた、とすればそれが成果です。

これが結果と成果の違いです。

お金を「稼ぐ→貯める→増やす→使う」の公式に沿って、その仕組みづくりを構築していれば、プロセスオーライの効果によって結果ももちろん導かれますが、さまざまな成果ももたらされるはずです。

その成果こそが、あなたの人生を豊かにするものです。

結果オーライにこだわるのではなく、プロセスオーライに焦点を当てていると、結果もついてきて、加えて成果もついてくるという相乗効果があるのです。

返す（戻す）
――返さなくてもいいなら返さない

借りたものは返すのが原則

「元金は返すもの、金利は支払うもの」です。

したがって、お金を借りた後の返済は、正確には「返済＋支払」で成り立っています。

ローンの「返済」というと「借りたお金を返している」と人は思い込みがちですが、お金を借りたばかりの頃の返済計画では、元金以上に毎月々に支払っている金利部分のほうが多いものです。

元金の返済は必要経費にはなりませんが、金利の支払いは事業運営に必要な経費として税務上認められています。

これは結構重要なことです。

ローンを返済するときに、元金と金利部分を分けて返済している人はまずいませんが、税務上の経費に当たるか当たらないかは、年間を通して最終的に手元に残るお金を算出する上でとても重要な要素となります。

世間では、「借りたお金は早く返す」ものとされています。

消費目的でお金を借りている場合は、自己資金を作って一刻も早く借金を返済することが重要です。

なぜなら、入ってくるお金が何もないのに出ていくお金ばかりなので、家計が不健全な状態になるからです。

しかし、投資目的で借金をしている場合は、自己資金をつくって早く返済し終えることが必ずしもよいとは限りません。なぜなら、手元のキャッシュ（自己資金）がなくなることは、次の投資に振り向けられなくなるからです。

投資の世界では「借金はできるだけ返さないほうが有効」とされています。

考えてみれば「借金を返せる」ということは、すなわち手元に現金があるということですから「その現金があるなら、さらにそこにレバレッジをかけて、さらに借金をしてより大きな投資をする」という発想が出てくるのも不思議ではありません。

「借金は返すな」という言葉だけを見ると非常識で、乱暴で、倫理観の薄い表現に見えますが、投資という限られた世界で見た場合には、あながち間違いではないと言えるのです。

とくに、不動産投資の場合は、借りたお金の金利の支払いは家賃から出すわけですから、表面的には自分が支払っている形ですが実質的には賃借人が支払っています。他人に支払ってもらっているのだから長くお金を借りたままにしておいて、自分のお金は別のことに投資するほうが、メリットがあります。

しかしながら、いずれにしても投資である以上リスクはつきものですし、最後は自己責任のもとで行うことが大事です。


一般的なサラリーマンの場合は、会社で所得税の源泉徴収・年末調整をしてくれるので自分では何もすることはありませんが、所得税の計算式はこうなっています。

｛（給与所得＋不動産所得等）－所得控除｝×税率
このうち、所得控除には生命保険料控除とか医療費控除などがあります。

不動産所得がある人は、ここでマジックが生じます。

それは、給与所得にマイナスという概念はありませんが、不動産所得にはマイナスという概念があるため、所得税を減らすことができるということです。

場合によっては、ゼロとなることもあります。

所得税を減らせるということは、手取り収入が増えるということです。

不動産所得とは、不動産収入ではありません。不動産から得た家賃収入から必要経費（減価償却費含む）を差し引いた金額で算出されます。

（不動産所得＝不動産収入－必要経費）

つまり、この「必要経費」が多ければ多いほどに不動産所得を少なくさせることができ、不動産所得がマイナスになれば、最終的な所得税は結局少なくなります。

ローンの返済にかかわる金利分は、この必要経費に当然含まれますから、早く返すのも手ですが、早く返さないのも手なのです。

出来事は一つ、とらえ方はさまざま

明治の文豪、夏目漱石がこう言っています。
「ある人は10銭を1円の10分の1と解釈する
ある人は10銭を1銭の10倍と解釈する
同じ言葉が人によって高くも低くもなる」と。
現代風にアレンジすると、「ある人は1000円を1万円の10分の1と解釈し、ある人は1000円を100円の10倍と解釈する」といったところです。
1000円は一つの状態・出来事ですが、そのとらえ方は一つではないということです。
出来事や物事は同じ一つのことであっても、それをどう解釈するかは受け取る人によってさまざまです。

人は、自分がその出来事からどう受け止めたか、どう解釈したかによって感情を変化させます。「意識が変われば感情が変わる」ということです。

出来事が人の感情を左右するのではなく、出来事に対するとらえ方・意味づけの仕方が人の感情を支配しています。


こんな話があります。

ある遊園地で、ピエロが風船を子どもたちに配っていました。

そこへある男の子が列に並んで風船を受け取り、なんと受け取ってすぐにその風船をわざと空へ飛ばしました。

そしてまた列の後ろに並びました。

ピエロは、「なんてイヤな子だ、せっかくの風船を無駄にして！　今度あの子の番になっても風船は1回だけだと言って、あげないでおこう」と思いました。

そのとき、一人の男性がピエロに近づいてきてこう言いました。

「あの子は、先月事故で妹を亡くしたのです。さっき風船を空に飛ばしたのは、きっと天国にいる妹にあげたのだと思います。どうか気を悪くしないでください」と。

その男性は男の子の父親でした。
ピエロは、とたんに事情を理解し、男の子に対する感情が一変しました。
「ああ、なんて優しくていい子なんだ！」

人の感情を支配するのは「出来事そのもの」ではなくて、その人の「出来事に対するとらえ方」です。

そのとらえ方は人によってさまざまであるために、仕事でも誤解や勘違いが生じてしまうこともしばしばなのです。

気づいているか気づいていないか、知っているか知らないか、理解しているか理解していないか。これだけで大きくとらえ方が変わります。

お金を金融機関から借りてそのお金を返すことも、解釈次第でよいことにもなればよくないことにもなるわけです。

「パッ」と表面的なことだけを見たときと、よくよく見て自分の頭で考えたときでは、とらえ方が変わってきます。

お金も「稼いだら使うのが当然だ」という発想のままだと、将来的なお金の不安を解消するためには「とにかくお金をひたすら稼ぐしかない」となりますが、見方を変えれば本書で説明しているとおり、「稼いだお金を使わないでそこから新たなお金を生み出せないか」という発想にもつながっていくわけです。

出来事は一つでも、とらえ方はいくつもあるということを理解して、お金の流れを構築することが大切です。

それが大事（大事MANブラザーズバンド）

大事MANブラザーズバンドの大ヒット曲に「それが大事」（1991年）というのがあり、その中の歌詞にこうあります。

ここにあなたがいないのが淋しいのじゃなくて
ここにあなたがいないと**思う事**が淋しい
……
ここにあなたがいないのがせつないのじゃなくて
ここにあなたがいないと**思う事**がせつない

淋しいと感じるのもせつないと感じるのも、ともに「ここにあなたがいない」という出来事が自分にそう感じさせているのではなくて、「ここにあなたがいない」と「思うこと」が感じさせているという歌詞です。

出来事が感情に影響を与えているのではなく、出来事に対する思い方・意識の仕方・とらえ方が感情に影響を与えていることを、この歌詞は教えてくれています。

03 国の借金と政府の借金と家計の借金

よく言われることに、日本の財政破綻の話があります。

「国の借金が1040兆円以上もあり、このままでは借金を返すことができなくて国家が破綻してしまう……」という類の話です。

ここで大切なのは、「国の借金が……」というところです。

本当に「国の借金」なのか、それとも「政府の借金」なのか、というところが重要なポイントです。

「国の借金」といえば、日本国が外国から借りたお金のことを指します。

一方「政府の借金」だとすれば、それは政府が借りたお金ですから、内訳としては外国から借りたお金もあれば、国内の法人や民間人から借りたお金もあります。

今の日本の借金は、正確に言うと「政府の借金」と解釈するほうが正しいです。

少しわかりにくいので、家計に置き換えて考えてみるとこうなります。

家計に置き換えると「〇〇家の借金」なのか。

それとも「〇〇家のお父さんの借金」なのか、ということです。

「〇〇家の借金」なら、家の外・他者から借りたお金ですから、その返済にはお父さんもお母さんも子どもも総動員して返す必要があります。

でも「お父さんの借金」だとすれば、貸してくれているのはお母さんだったり、子どもだったり、他人だったりするわけで、他者から借りた分は優先して先に返す必要はありますが、家族内で借りたお金はいずれ返せばいいわけで、他者からの借金に比べればそんなに大きな問題ではありません。家庭内の貸し借りだからです。

国の借金なのか、それとも政府の借金なのか。

そして、誰から借りているのか。

国の財政破綻問題については、一つの見方だけではなくそういう観点から見直してみることも大事なことです。

個人が借りている借金も、金融機関など外部から借りている場合と親や親せきなど身内の人から借りている場合とでは、その重要度合いが変わってきます。

借金は最終的には返すことが必要であることはもちろんですが、問題は「いつまでに返せばいいのか」ということにあります。

「借金を返済する」のも「お金を貯める」のも「同じ金額を稼いで、自分のための消費活動には使っていない」という意味では同じです。

たとえば、100万円返済するのも100万円貯金するのも、結局100万円稼いだからできることであって、しかもその後に「増やす」でも「使う」でもないので本質的には同じことだと言えます。

お金を「返せる」人は、同額を「貯める」ことも十分にできるということです。

つまり、お金を返せるようになるとお金を貯める力も身についてくるわけです。

この考え方は大切です。

「稼ぐ→貯める→増やす→使う」＋「借りる→返す」の仕組みを作り、マスターすると、「返す↓貯める」という効用も得られるといえます。

「シンプル」は求めても「楽（ラク）」は求めない

将来的なお金の不安を解消して経済的自由を得る際に、楽（ラク）して手に入れようと思ってはいけません。

人間、最初から楽を求めると堕落します。退化します。

パソコンの普及で人が文字や文章を手で書かなくなり、漢字力や語彙（ごい）力が衰退したように、あるいは電子レンジの普及で家庭での手料理をする機会が減ったように、あるいはインターネットの普及で辞書を引くことがなくなったように、人は便利になればなるほどその代償として失っていくものがあります。

ビジネスは楽して稼げるほど甘くはありません。

でも、がんばった結果、楽して稼げるようになることならあります。

つまり、はじめから楽しようとは思ってはいけないけども、楽できるとしたら、時間をかけて本気で努力をしてからならあり得る……ということです。

大切なことは行動することであり、そしてもっと大切なことはその行動をいかにシンプルにするかということです。

楽を求めるのではなくて、シンプルを求めることのほうが大切です。

シンプルというのは「簡単なこと／単純なこと」という意味で、つまり「やろうと思えば能力に関係なく誰にでもできる」ということです。

別の言い方をすれば、むずかしくないという意味です。

一方、**「楽なこと」というのは「続けやすいこと」**という意味です。

「シンプル」と「楽」は似て非なることです。

人は「楽」ばかりを求めると、現状維持を求めることになり、やがて能力が退化していきます。

何か目標を立てて成し遂げようと思ったら、その何かとは「決して楽に到達できないレベル」に設定していなければ目標とは言えません。

簡単に到達できてしまうレベルでは、目標と呼べるものではないということです。

決して楽には到達できないレベルのことだから目標が目標たり得るわけで、だからこそそれを達成したときの喜びも一入（ひとしお）であり、その状態を称して成功者と呼ばれてふさわしいわけです。

成功は「簡単にできるかむずかしいか」というよりも、「楽でないことを楽にできるようになる」という成長を伴うことが肝要です。

そうしたことに心の焦点を当てられる人は、覚悟ができている人です。

そして楽にできるようになると、もれなくついてくるのが「楽しい」という感情です。

「楽」と「楽しい」は表裏一体の関係にあり本質的に同類だから、同じ「楽」という漢字なのです。

物事は、最初からすべてがうまくいくとは限らないし、むしろうまくいかないほうが多いもので、夢の実現・目標達成には時間がどうしても必要です。

3年か、5年か、10年か。それは誰にもわかりません。ご自身のライフプランとマネープランの立て方にもよります。

しかしながら、**やることが当たり前の水準になっていれば、それはもう習慣になっていますから、確実に成功へ近づいています。**

習慣は第二の天性であり人格・性格を変化させる大切なことです。

シンプルを求めて楽を求めず、そのプロセスの果てにシンプルなことを楽にできるようになることが大切です。

05 リスクヘッジとは？

経済社会では、「リスク」という言葉を二つの意味で使い分けています。

一つは**「危険性」**という意味で、悪い結果が起こり得る度合いです。この場合の「リスクが高い」は「悪い結果が起こりやすい」という意味です。

もう一つは**「不確実性」**という意味で、善し悪しに関係なく結果を予見できる確率の度合いです。この場合の「リスクが高い」とは「結果が読めない」という意味です。

一般的にはリスクを「危険性」という意味で使うことが多いと思いますが、金融の世界では「不確実性」という意味で使うのがセオリーです。

したがって投資などで「リスクをとる」というのは「結果がどう転ぶかわからないけども、その不確実な状態にあえて身を置いて運を天に任せる」といった意味で、「人事を尽くして天命を待つ」の心境が「リスクをとる」という意味です。

結果がどうであれ、事前にでき得る限りのことはやったわけだし、そうやってリスクをとればとるほど経験値が蓄積されていくので、その過程を経れば経るほどに先見力が身につき、今後遭遇するリスク対処が万全に近づいていくことになります。

学生時代では、試験で失敗しても0点より下はありませんでしたが、ビジネスで失敗すると「底なし」です。その「底なしをいかにして防ぐか」をあらかじめ考えておくことが**リスクヘッジ**です。つまり、リスクヘッジとは、そうした不確実性を回避するために少しでも手段を講じておくことです。

いつ何が起きても被害を最小限に食い止められるように、一つの手としてリスクを分散する手法が多く用いられます。

ヘッジとはもともと「垣根」を意味していました。

ある人が羊という資産を持っていたけども、柵がなければ羊がどこかへ行ってしまい資産を失うことになることから、

①どこからどこまでが羊を飼う範囲であるかを明確にするために

②仮に狼などに羊が襲われても、一度に全部が食べられてしまわないようにするために柵で囲って垣根で分割しておいたことから、「リスクヘッジ」と言う言葉が使われ始めたと言われています。

これがリスクヘッジの基本概念です。

会社経営もリスクヘッジは重要です。

個人の家計もリスクヘッジは重要です。

もちろん、国家もリスクヘッジは重要です。
リスクを分散して、囲い、他へ影響が及ぶのを防ぎ、不確実な部分を少なくしていく……そんな発想が大切です。

そんなリスクですが、物事にはリスクはつきもので、リスクを回避しようとするあまりに最初からリスクゼロばかり求めていると、先へ進めなくなります。

行き過ぎてしまうと、それはそれでうまくないものです。

人生で最も大きなリスクというのは「リスクのまったくない人生を送ろうとすること」です。

完璧な人や物事がないのと同じで、リスクがゼロの物事もないと理解することが大切です。

いま、現象として表れていなくても、さまざまなことに気が付くだけの「感性」を磨けるように、サラリーマンは日々いろいろな情報に触れる習慣が大切です。新聞、雑誌、書籍、テレビ、ラジオ、インターネットなど、情報の媒介はいくつもあります。

リスクヘッジを強化するためには、自分自身が成長することが必要です。

成長

サラリーマンが成長して自分の能力を高めていくためには、勉強して学ぶ姿勢が必要ですし、それに付随する適切な考え方をもつことも重要です。

そもそも「成長」とは何か。

成長とは「できなかったことが恒常的にできるようになること」です。

つまり、今までできなかったことができるようになることが「成長」です。一度だけできるのではなく、再現しようと思えば何度でも再現できる・実行できるレベルになってはじめて「成長した」といえます。

では、成長するためにはどうすればいいのか？

これにはいくつかプロセスがありますが、原則の流れはこうです**〈成長プロセス論〉**。

「感じる→気づく→知る→わかる→やってみる→できる（成長する）→分かち合う」

つまり、**成長するためには、「やってみる＝行動する」ことが必要**となります。

どんなに頭でわかった（理解した）としても、やってみなければできるかどうかは疑わしいものです。

「わかる」と「できる」は違います。

わかっただけでできてしまうのなら全員テストで100点取れますし、車の運転免許も講習だけで取れてしまうことになります。そんなことは危険すぎてあり得ないことです。

学校での勉強と、社会に出てからの社会人としての勉強には、いくつも異なる点がありますが、その一つに学びのプロセスが逆転していることがあげられます。

学校では、学んでからテストを受け、試されます。

これが、実社会に出ると逆になります。**社会では、テストを受け、試されてから学びます。**

社会では、私たちは常にテストを受けているようなものです。

仕事では毎日毎時間が試練の連続で、そこから学びをスタートさせていくのです。

サラリーマンはいろんなことから試されていて、その中でさまざまなことに気付き、知り、理解をして、学んでいきます。学んだ後に、行動に移して自分の能力として蓄えていくことができたときが成長したときです。

学ぶ姿勢・順番が、学校と社会とでは逆であるということに気がつくと、日常的に試されているということも素直に受けとめることができます。

成長しなければ現状のままであり、現状のままだと周りが進んでいるから、相対的に見て自分は衰退していくばかりです。

後から悔やんでも時間は取り戻しができませんし、「後悔先に立たず」です。

人は、結果に対して後悔するのではなくて、結果に至るまでのプロセスに対して後悔します。

もっと言うと、「プロセスにおける自分の選択と行動」を後悔します。

その選択にも行動にも2種類ずつあります。

すなわち、「決めたこと」と「決めなかったこと」、そして「やったこと」と「やらなかったこと」です。

また多くの場合、**人は、短期的には「やったこと」を後悔するものですが、長期的には「やらなかったこと」を後悔するものです。**

長い目で見た場合には、「やっておけばよかった……」となりますから、例えいまは恥ずかしい、緊張してできないと思えることでも、「やってみる」勇気が大切です。

成長プロセス論にあるとおり、やってみない限りはできるようにはなりません。できるようにならないということは、「成長しない」ということです。

将来的なお金の不安を解消して経済的自由を得る行動を、いまやらずして後悔することになってはもったいないです。

成長は「これまで」という過去にあるのではなく、「これから」という未来にしか存在しません。自己成長へ一歩踏み出しましょう。

生命保険を知ろう

ローンを組むときは、たいてい団体生命保険に入りますし、入ることが望ましいですが、ローンを返済し終えると当然この団体生命保険も終了します。

お金を返しながら、生命保険についても一考しておくことも大切です。

生命保険とは「万が一のときの保障を買うもの」です。

つまり、保険に入る前に、万が一のときの保障が必要かどうかを判断することがまずは必要です。

たとえば、独身のサラリーマンが死亡保障の保険に入っても、自分が死んだ後に保険金を受け取る人に果たしてその保障が必要なのか、ということになります。

生命保険で考えるべき「万が一」は、「自分が死んだとき、あるいは入院したときに金銭的負担をかけて困らせる人がいるかどうか」がポイントです。

そのリスクに備える必要がある前提で、次は「では、どれくらい備える必要があるのか」

となっていきます。

保険というのは、加入者全員で助け合いをする仕組みです。公的年金とは、ここが概念的に大きく異なります。保険は皆でお金をプールしておいて、誰かが病気や入院をしたときに、他の人たちと共同で金銭的負担を互助するという仕組みです。

ヘンな言い方かもしれませんが、他の加入者と比べて自分が一番健康で病気も入院もしない人間だとすれば、たいていの場合は保険を利用しない優良顧客になります。

逆に、一番不健康で病気や入院をする人はみんなのおかげで少ない保険料で大きな治療費をカバーできることになります。

そういう意味では、健康であればあるほどお得感が減り、不健康であるほどお得感が増します。

保険会社もそういったところを勘案して、不健康な人はそもそも保険加入を認めてくれないのが通常ですから、最近流行の「誰でも入れます」という保険はそれだけ保険料金が高く設定されていて、健康な人にとっては損な保険といえるかもしれません。

ところで、ほとんどの商品に関して人は「買う」と表現します。

ところが、保険商品に関しては「買う」と言わずに「入る」と表現します。

クラブやサークルなどの「○○会」などに入会するのなら「入る」という表現でスッキリしますが、商品を買うことをあえて「入る」とか「加入する」という言い方をするのは、おそらく「保険商品」だけです。

それを広めた人は、きっと頭がいい人です。

「買う」だと「お金を払う」という意識が強く出ますが、「入る」「加入する」だとお金を払う意識がさほど強くは出ませんし、仲間意識が芽生えます。

「保険料の支払い」というのは、言い換えれば高額商品の購入金額を超長期分割払いしているようなもので、一種の義務支出です。

住宅ローンの支払いなども同様に超長期払いですが、そんなローンよりもさらに長期にわたって支払うのが「保険料」です。

民間の生命保険に限らず、損害保険も公的な年金保険料や健康保険料も同様です。

国民年金・厚生年金に関しても「入っている、入っていない」とはいいますが、「買った、買ってない」とはいいません。

民間と同じで高額商品の超長期分割払いの一つだといえますし、見方を変えれば税金の一種ともいえます。

一つの出来事・物事でもとらえ方はさまざまで、そのとらえ方が感情を支配します。保険の「購入率」とは言いませんが「加入率」という言い方を用いることで、普段から錯覚を起こすように仕向けられていると考えられます。

ビジネスでは、仕組みを使わされる側よりも仕組みをつくる側になることが覇者になるコツです。

将来的に、お金の不安を解消する仕組みを自らがつくる側になることが大事です。

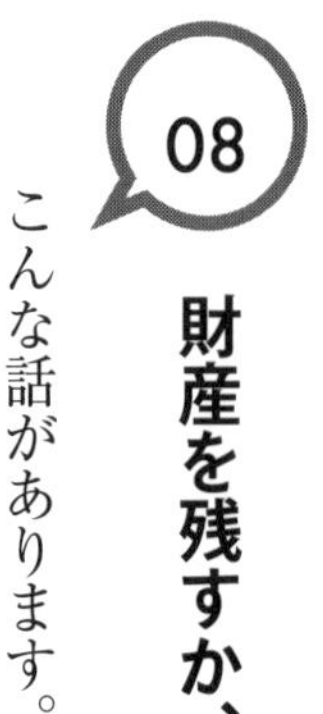

財産を残すか、事業を残すか、人材を残すか

こんな話があります。

あるとき、神様から地球の3人にご託宣がありました。

「あなたたちは、あと8日間の命です」と。

それを聞いて、3人はそれぞれ次のような行動をとりました。

Aさん……8日間自分の好きなように行動し、他人に迷惑をかけようがお構いなく、無法者のように振る舞い、たくさんの人に嫌われた。

Bさん……8日間他人に迷惑をかけることなく自分の好きなこと、やりたいことを満喫して、むしろ他人の利益や喜ばれることを考えていたらお金を儲けていた。

Cさん……8日間自分も楽しんだが、他の人たちも楽しめるようにと、後に残る仕組みを作った。

そして、8日後、3人は亡くなりました。

どの生き方がいいかは、人それぞれの価値観です。ただ言えるのは、人は生まれたときから寿命をもって生きています。

つまり、8日間とは言わないまでも、人生では80歳（≒平均寿命）という期間を神様から託宣されて生きているようなものです。

8日間か80年間かの違いだけです。

また、サラリーマンは65歳という定年退職日までの限定された期間があります。

いつか最期（最後）の日が必ず来ます。

そうしたときに、自分は後世に何を遺すのか、それとも遺さないのかは大切なことです。

Aさんは何も遺さず、Bさんは財産を遺し、Cさんは事業を遺したといえます。

サラリーマンは自分が会社を辞めるときに何を残して辞めていくか。

会社に利益（お金）を残すのもいいし、ビジネスモデル（事業）を残すのもいいですが、最良なのは「人材」を残しておくことです。

しかも残すのは「人財」であるほうがさらに望ましいことは、前章で述べたとおりです。

かつて、会社に忠誠を誓っていれば安定した老後を迎えられた時代がありました。「ジンザイ」に区分けがほとんどなかった時代です。

現代は、会社規模に関係なくパーソナルでみてその人が人罪や人在ではなくて、人財や人材であることが重要になってきている時代です。

大手企業ほど社員が歯車化している会社はありませんし、そんなところでヘタに出世して役職がついていると、もうつぶしがききません。年齢が不惑の40歳以降であればなおさらです。

ところが、本人はそのことに気づいておらず、今の会社で厚遇されていることがそっくりそのまま世間でも通用すると勘違いしています。中には、自分一人で拡大・縮小コピーもとれなかったり、ＦＡＸも送信できなかったり、メールに資料を添付することもできないけれど、職位はリーダー職と呼ばれる人がいたりします。

今の自分の権限が及ぶ職場から一歩離れて、それらがまったく通用しないような環境下に自分の身を置くと、一瞬にしてリーダー職がタダの人になります。

つまり、瞬時にして「仕事がまったくできない人」に成り下がるわけです。

長年の高待遇に慣らされてきたことが災いして、一気に新入社員レベルにも等しい水準まで退化します。

すなわちそれは、その人が人罪に過ぎなかった、ということを証明しています。

そのときになって気が付いてももはや後の祭りです。

そうならないように、自分自身が自立した人財になるように日頃から研鑽することが大事です。

人が目標やビジョンに向かって行動するときのポイントは、自分の行動量が他人と比べて優れているかどうかではなく、掲げている目標やビジョンに対して適切な行動量かどうかです。

財を残し、事業も残し、そして人も残すということを念頭におき、適切な行動量を追求していくことが大切です。

ぜひ、サラリーマンからビジネスマンにご自身が成長されて、さらに周りを巻き込んで多くのビジネスマンを輩出していただきたいと思います。

車を動かすときは、エンジンをかけて発進しようとする最初のときが一番エネルギーを要します。ローギアからゆっくりと始動させることが大切で、いきなりトップギアに入れても動きません。

「はやぶさ2」など、宇宙ロケットの発射も地表から離陸するときに一番負担がかかり、エネルギーを必要とします。

車もロケットも最初に膨大なエネルギーが必要ですが、いったん動き始めると加速がつき、今度は止めることのほうが大変になります。車の場合、ブレーキを踏んでも急には止まりません。

「動く、動かす」ことで重要なのは、最初の一歩です。

最初の一歩がなければ、次の二歩目はありません。

すべての歩みを均等割りで考えてしまうとうまくいきません。

慣性の法則が働きますから、動き出してしまえば後のほうがスムーズに動けます。

最初の第一歩こそが肝心です。

昔、多くの学校には二宮尊徳（金次郎）の銅像がありました。

あの有名な、薪を背負って読書をしている姿の銅像です。

江戸時代後期の農政家・思想家である二宮尊徳は、その生き様の中でいくつも箴言（しんげん）を残していますが、中でもこんな言葉があります。

「私の名を残さず、行いを残しなさい」

二宮尊徳の功績はいろいろあると思いますが、あの銅像での「行い」に限定して解釈すると、重要なのは薪を背負っていることでも、本を読んでいることでもありません。

一番見るべきところは**「足を一歩踏み出している姿（行い）」**にあります。

勤労（薪を背負うこと）や勤勉（本を読むこと）はもちろん大切なことですが、それよりも将来に向けて「一歩踏み出す＝行動する」ことが大事

二宮尊徳　像

だとあの銅像は教えてくれているのです。

どんな小さなことや小さな一歩でもいいので、昨日より今日、先週より今週、昨年より今年……と、一歩踏み出していくことが大切です。

皆さんも一番エネルギーが必要な最初の一歩をぜひ踏み出してください。

仏教に**「自燈明（じとうみょう）」**という言葉があります。

お釈迦様が亡くなるとき、弟子たちが今後を不安に思って、「これから私たちは何を頼って生きていけばいいのでしょうか」と尋ねました。

釈迦はそれに対してこう言ったそうです。

「私が死んだ後は、自分で考えて自分で決めなさい。大事なことはすべて教えました。

自ら明かりを燈（とも）しなさい。

誰かが燈してくれる明かりを頼りに暗闇の中を歩むのではなく、自らが明かりとなるのです」と。

つまり、己で己の指針を持つことを諭（さと）されたわけです。

自分の人生は、自分でコントロールすることが大切です。

人生に唯一の正解というのはありません。どれも正解というのが人生です。

自立したビジネスマンになり、将来のお金の不安を解消して経済的自由を手に入れる考え方は本書ですべて伝えました。

後は、あなたが自ら明かりを燈して行動するだけです。

言葉と意識をビジネスマン仕様に変えることを実践してみてください。

あなたがお金の方程式の解を見つけられて、幸せな人生を歩まれることを願っています。


最後になりますが、本書を出版するにあたっては合同フォレスト株式会社の編集部の皆様、ネクストサービス株式会社の松尾昭仁社長にはたいへんお世話になりました。

改めてお礼を申し上げます。ありがとうございます。

2015年2月　澤井　豊

サラリーマンが経済的自由を得る「お金の方程式」

購入者特典（読者全員プレゼント！）
本書をご購入くださったあなたへの読者限定プレゼントです

ビジネスで使いがちな１００個の「ビジネス用語」についてわかりやすく簡潔に「定義」を解説したものです。
今日からの実務の中できっと役立つはずです。ぜひお受け取りください。

今すぐアクセス
▼
http://www.newofficesawai.com/okane

もしくはこちらへアクセスしてURL末尾に「okane」と半角で入力してください。
▼
オフィス澤井　検索
① Yahoo!／Googleなどの検索エンジンで「オフィス澤井」と検索
②「オフィス澤井」のホームページを開いたら窓のURL末尾に「okane」と半角で入力してください

今回のPDFファイルは本書をご購入してくださった方だけへの限定特典（無料）です！

＊特典（無料プレゼント）はお客様自身でPDFファイルをインターネット上でご覧になるものです。
PDFファイルはホームページで公開するものであり、DVD等をお送りするものではありません。
＊この特典は予告することなく終了する場合があります。

■著者紹介

澤井　豊（さわい　ゆたか）

オフィス澤井代表
ビジネスマン育成コンサルタント
ＳＦＣ認定心理カウンセラー
日本心理カウンセラー協会正会員

1964 年富山県生まれ。大学卒業後、証券会社に就職し個人営業部門で世界トップの成績を収める。
30 歳を機に、学習塾を運営する会社に転職し、生徒募集の営業記録を次々と塗り替える。その後、営業部門から管理部門に異動し、会社を東証２部上場および東証１部上場に導く。
営業経験で養った「人を動かす力」を活かし、上場後も人事・財務・ＩＲ・総務の経営リーダーとしてＭ＆Ａ、会社分割、グループ連結経営、社員の研修教育など会社経営全般に携わる。
45 歳の時に妻を病で亡くしたことを契機に、家計における経済的自由を得る仕組み作りに着手。
「稼ぐ→貯める→増やす→使う」＋「借りる→返す」＝経済的自由、という「お金の方程式」を 47 歳で完成させる。
50 歳を機に退職・独立し、若い世代の人材育成および「サラリーマンのビジネスマン化」を広く推奨・啓発する活動を続けている。

ホームページアドレス　http://www.newofficesawai.com/
メールアドレス　book@newofficesawai.com

企画協力　ネクストサービス株式会社　代表取締役　松尾昭仁
組版　　　酒井広美
装幀　　　生沼伸子

サラリーマンが経済的自由を得る「お金の方程式」

2015年　3月　20日　第1刷発行
著　者　　澤井　豊
発行者　　山中　洋二
発行所　　合同フォレスト株式会社
　　　　　東京都千代田区神田神保町 1-44
　　　　　郵便番号　101-0051
　　　　　電話　03（3291）5200／FAX　03（3294）3509
　　　　　URL　http://www.godo-shuppan.co.jp/forest
発　売　　合同出版株式会社
　　　　　東京都千代田区神田神保町 1-44
　　　　　電話　03（3294）3506／FAX　03（3294）3509
印刷・製本　株式会社シナノ

ISBN 978-4-7726-6038-9　NDC159　188 × 130

JASRAC 出　1501804-501